これまでの漢字学習での「なぞり書き」は、うすく書かれた漢字を全画数なぞるものが一般的でした。これは書き始めるときの抵抗感が少なく、丁寧さや集中力も身につく方法ですが、写すだけになってしまう子もいました。

そこで、「書き順がわかる」「よくある間違いがわかる」「字形がわかる」、この三つを意識して、意図的にうすい字を一部だけ残した各漢字の「イチブなぞり」を開発しました。

くり返すことで自然と頭の中で字形や書き順を思い浮かべられ、より効果を実感していただけると思います。困っているあなたに、ぜひ届いてほしいです。

本書の効果と使い方

「イチブなぞり」のプラス効果

・よくある間違いが意識でき、書き順が身に
・謎解き感覚で、記憶が引き出しやすくなる。
・自然と字全体のバランスがとれ、美しい字になる。

効果が実感できる、たしかめ問題を収録

・復習でも同じように「イチブなぞり」を使うことで、記憶に定着しやすくなる。

漢字を楽しみながら、なぞる問題も収録

・ゲーム仕立ての問題で、漢字の力を確かめられる。
（ここでは、書き順や字形よりも、楽しさ重視で作成しています）

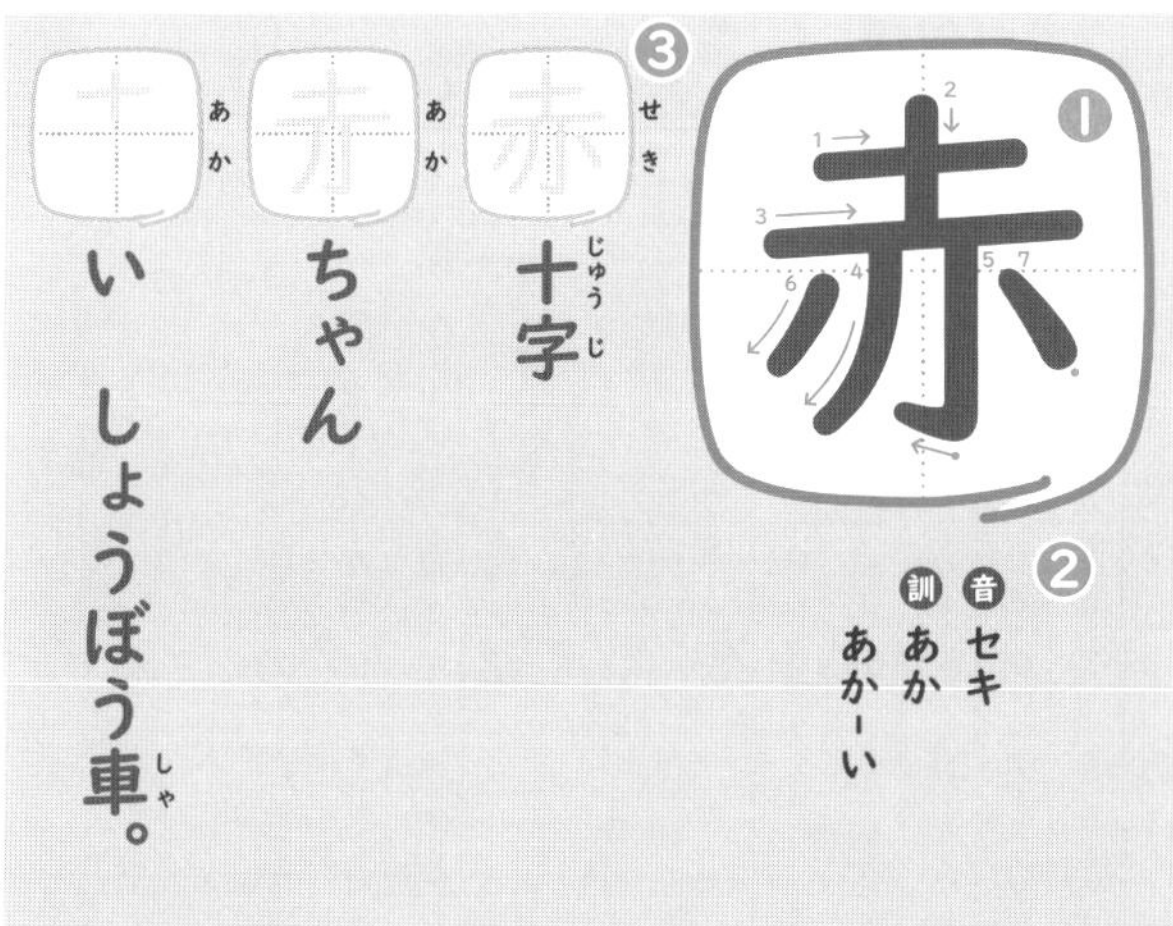

① 書き順や書き方がわかりやすい！
字形がキレイになるように、記号をつけています。

とめ
はね
はらい

② 読み方が一目でわかる！
カタカナ…音読み
ひらがな…訓読み
（-の後は、送りがな）
（ ）…中学以降で習う読み方
※…特別な読み方

③ 「ゼンブなぞり」と「イチブなぞり」で、字の形をつかみ、その後、「イチブなぞり」で間違いやすい書き順を意識できます。字形も自然と意識されて、キレイな字になりやすくなります。

もくじ

学習（がくしゅう）をおえたページのマスには、○をつけましょう。

ゴール　スタート

かたかな 1-①

かたかなの　ひょう ①

かたかなは　かんじの　かたちを　もとに　つくられた　じです。

□に　あてはまる　かたかなを、あたまの　なかで　うかべてから　なぞりましょう。

ア あ	カ か	サ さ	タ た	ナ な
イ い	キ き	シ し	チ ち	ニ に
ウ う	ク く	ス す	ツ つ	ヌ ぬ
エ え	ケ け	セ せ	テ て	ネ ね
オ お	コ こ	ソ そ	ト と	ノ の

ハ は	マ ま	ヤ や	ラ ら	ワ わ
ヒ ひ	ミ み		リ り	
フ ふ	ム む	ユ ゆ	ル る	ヲ を
ヘ へ	メ め		レ れ	
ホ ほ	モ も	ヨ よ	ロ ろ	ン ん

かたかな
1－②

かたかなの　ひょう ②

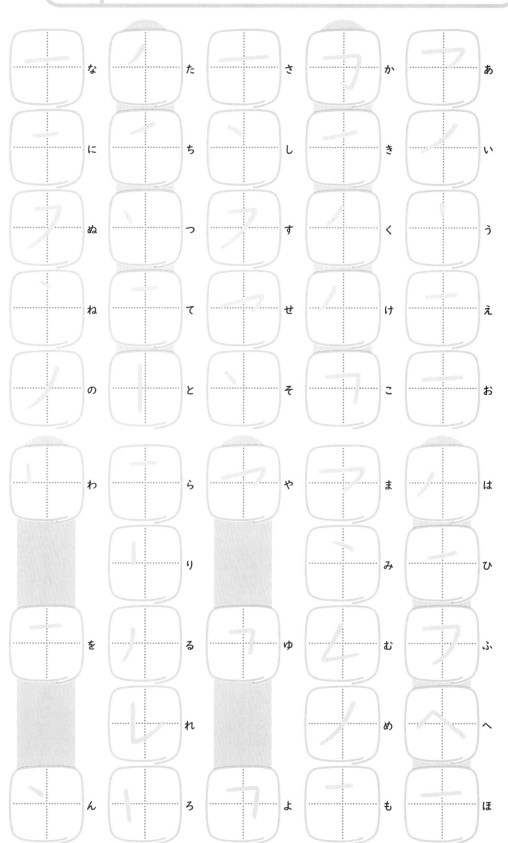

■ かたかなは　かんじの　かたちを　もとに　つくられた　じです。
□に　あてはまる　かたかなを、あたまの　なかで　うかべてから　かきましょう。

あ	か	さ	た	な
い	き	し	ち	に
う	く	す	つ	ぬ
え	け	せ	て	ね
お	こ	そ	と	の

は	ま	や	ら	わ
ひ	み		り	
ふ	む	ゆ	る	を
へ	め		れ	
ほ	も	よ	ろ	ん

ゴール　スタート

かたかな 1-③

かたかなの　ひょう ③

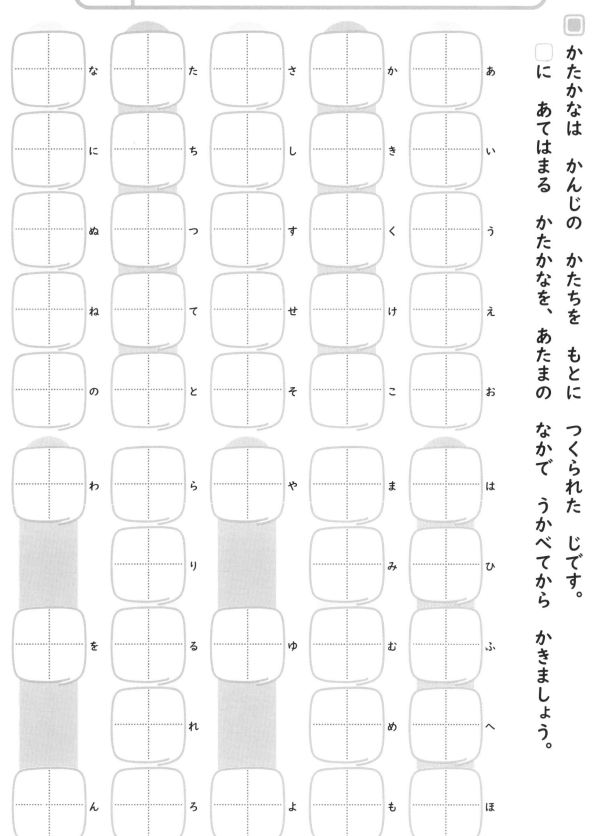

■ かたかなは　かんじの　かたちを　もとに　つくられた　じです。
□に　あてはまる　かたかなを、あたまの　なかで　うかべてから　かきましょう。

あ	か	さ	た	な
い	き	し	ち	に
う	く	す	つ	ぬ
え	け	せ	て	ね
お	こ	そ	と	の

は	ま	や	ら	わ
ひ	み		り	
ふ	む	ゆ	る	を
へ	め		れ	
ほ	も	よ	ろ	ん

かたかな 2-①

かたかなの　ことば ①

■ かたかなは　かんじの　かたちを　もとに　つくられた　じです。
□に　あてはまる　かたかなを、あたまの　なかで　うかべてから　なぞりましょう。

① アイスクリーム（あいすくりいむ）

② ウール（うーる）

③ エイプリルフール（えいぷりるふうる）

④ オムライス（おむらいす）

⑤ カスタネット（かすたねっと）

⑥ キャラクター（きゃらくたあ）

⑦ ケーブルカー（けえぶるかあ）

⑧ コロッケ（ころっけ）

⑨ サイクリング（さいくりんぐ）

⑩ シュークリーム（しゅうくりいむ）

ゴール　スタート

かたかな 2-②

かたかなの　ことば ②

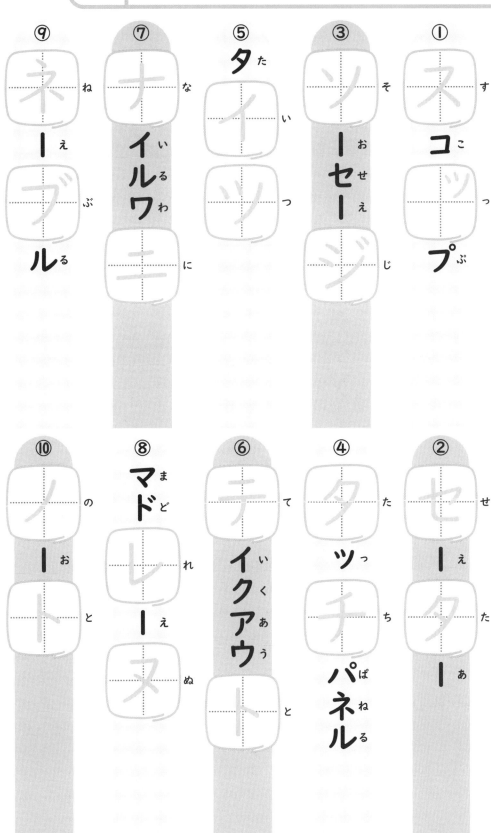

かたかなは　かんじの　かたちを　もとに　つくられた　じです。
□に　あてはまる　かたかなを、あたまの　なかで　うかべてから　なぞりましょう。

① スコップ（すこっぷ）

② セーター（せえたあ）

③ ソーセージ（そおせえじ）

④ タッチパネル（たっちぱねる）

⑤ タイツ（たいつ）

⑥ テイクアウト（ていくあうと）

⑦ ナイルワニ（ないるわに）

⑧ マドレーヌ（まどれえぬ）

⑨ ネーブル（ねえぶる）

⑩ ノート（のおと）

かたかな
2－③

かたかなの　ことば ③

□ かたかなは　かんじの　かたちを　もとに　つくられた　じです。
□に　あてはまる　かたかなを、あたまの　なかで　うかべてから　なぞりましょう。

① ハイヒール

② フラダンス

③ ヘディング

④ ホットケーキ

⑤ マカダミアナッツ

⑥ チーム

⑦ メジャー

⑧ モンスター

⑨ ダイヤモンド

⑩ ユーモア

かたかな 2-④

かたかなの　ことば ④

■ かたかなは　かんじの　かたちを　もとに　つくられた　じです。

□に　あてはまる　かたかなを、あたまの　なかで　うかべてから　なぞりましょう。

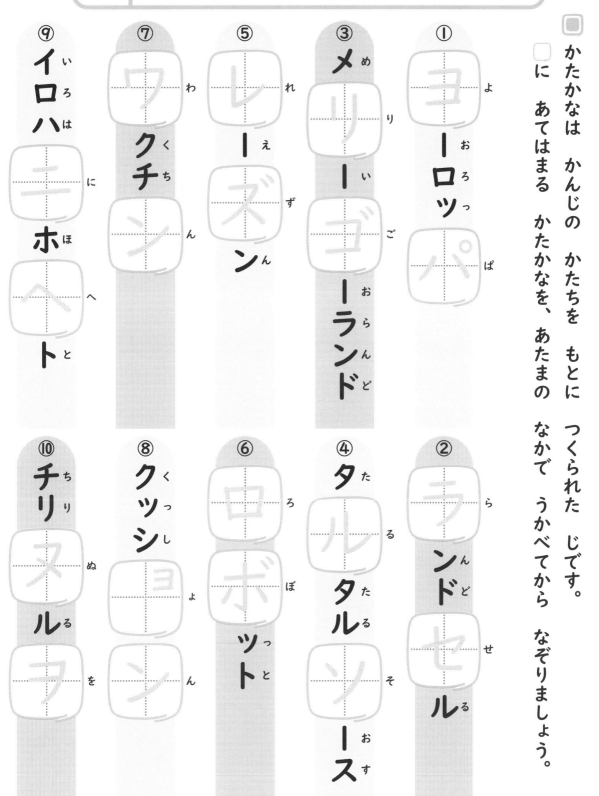

① ヨーロッパ（よおろっぱ）

② ランドセル（らんどせる）

③ メリーゴーランド（めりいごおらんど）

④ タルタルソース（たるたるそおす）

⑤ レーズン（れえずん）

⑥ ロボット（ろぼっと）

⑦ ワクチン（わくちん）

⑧ クッション（くっしょん）

⑨ イロハニホヘト（いろはにほへと）

⑩ チリヌルヲ（ちりぬるを）

ゴール　スタート

かたかな
2-⑤

かたかなの　まとめ

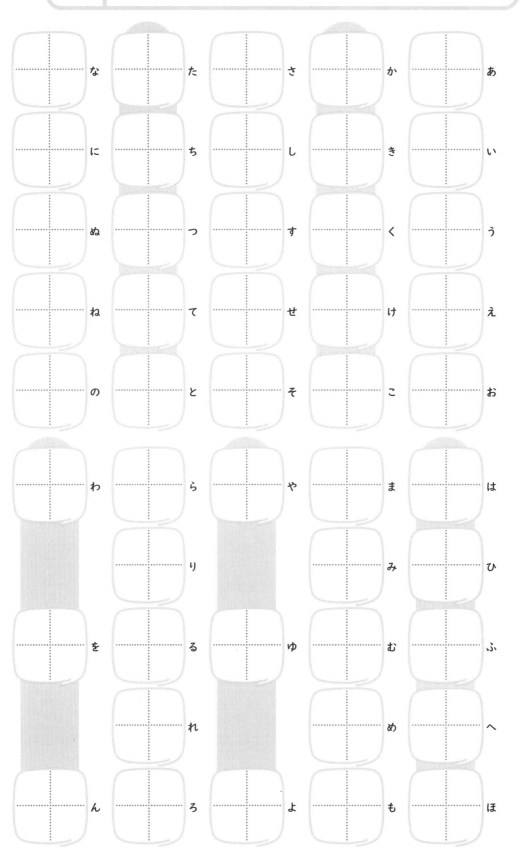

かたかなは　かんじの　かたちを　もとに　つくられた　じです。
に　あてはまる　かたかなを、あたまの　なかで　うかべてから　かきましょう。

あ い う え お
か き く け こ
さ し す せ そ
た ち つ て と
な に ぬ ね の
は ひ ふ へ ほ
ま み む め も
や ゆ よ
ら り る れ ろ
わ を ん

かたかな
2-⑥

かたかな　みつけ！

■ これから　ならう　かんじから、かたかなに　にた　ぶぶんを　さがしましょう。
みつけたら　●と　●を　せんで　むすび、その　かんじの　ぶぶんを　なぞりましょう。

サ　ロ　ハ　ナ

名（な）　花（はな）　糸（いと）　左（ひだり）

タ　ム　エ　イ

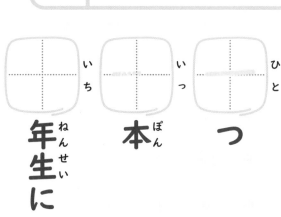

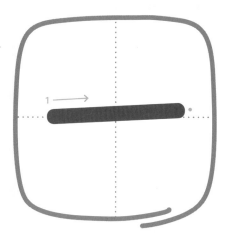

かんじ 1-①

一・右

てほんの かんじを ゆびで なぞります。
□には、かんじを あたまの なかで うかべてから えんぴつで かきましょう。

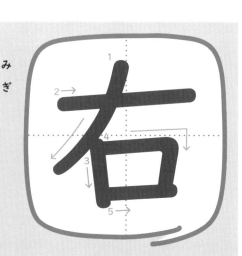

一

音 イチ　イツ
訓 ひと　ひと-つ

一(ひと)つ

一(いっ)本(ぽん)

一(いち)年生(ねんせい)に なる。

右

音 ウ　ユウ
訓 みぎ

右(みぎ)足(あし)

左(さ)右(ゆう)

車(くるま)が 右(う)せつする。

かんじ 1-②

雨・円

てほんの かんじを ゆびで なぞります。
□には、かんじを あたまの なかで うかべてから えんぴつで かきましょう。

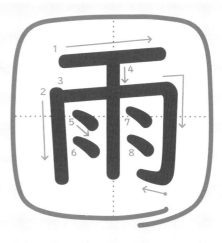

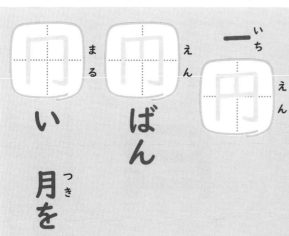

雨

音 ウ
訓 あめ
※あま

雨(あめ)ふり

雨(う)天(てん)

くろい 雨(あま)ぐも。

円

音 エン
訓 まる-い

一(いち)円(えん)

円(えん)ばん

円(まる)い 月(つき)を 見(み)る。

かんじ 1-③

王・音

てほんの かんじを ゆびで なぞります。

には、かんじを あたまの なかで うかべてから えんぴつで かきましょう。

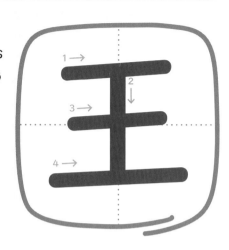

王

音 オウ

訓 ―

王(おう)さま

王(おう)女(じょ)

金(きん)の 王(おう)かん。

音

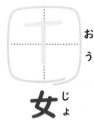

音 オン

訓 おと ね

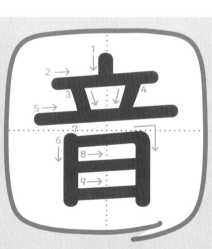

音(おん)がく

音(ね)いろ

音(おと)を たのしむ。

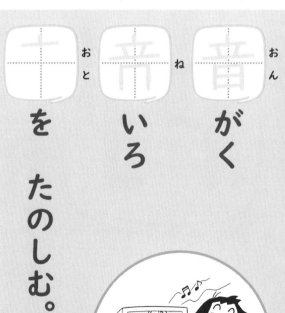

下・火

■てほんの　かんじを　ゆびで　なぞります。
□には、かんじを　あたまの　なかで　うかべてから　えんぴつで　かきましょう。

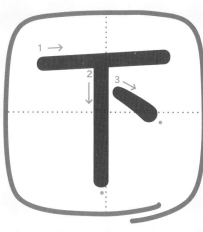

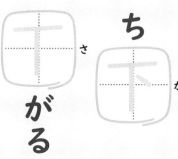

下

音　カ　ゲ
訓　した・しも　さ－げる　くだ－る　くだ－さる　お－ろす

ち[下](か)

[下](さ)がる

けわしい　山(やま)を　[下](くだ)る。

火

音　カ
訓　ひ

[火](か)よう日(び)

[火](ひ)花(ばな)

たき[火](び)を　けす。

かんじ 1-⑤

花・貝

てほんの かんじを ゆびで なぞります。
□には、かんじを あたまの なかで うかべてから えんぴつで かきましょう。

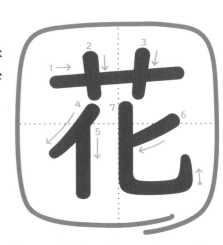

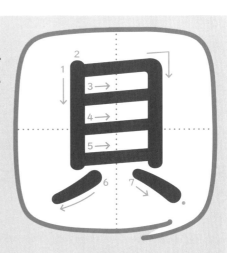

花

音 カ
訓 はな

花(はな)火(び)

花(か)だん

赤(あか)い 花(はな)ばたけ。

貝

音 —
訓 かい

貝(かい)づか

まき貝(がい)

すなはまの 貝(かい)がら。

ゴール　スタート

かんじ 1-⑥

よみの たしかめ

■ つぎの ぶんを よみましょう。
—を ひいた かんじの よみを えんぴつで （　）に かきましょう。

① 一年生（ねんせい）の かん字（じ）。（　）

② 右手（て）を あげる。（　）

③ 大（おお）雨が ふる。（　）

④ 二（に）百（ひゃく）円を もらう。（　）

⑤ じごくの えんま大（だい）王。（　）

⑥ 大（おお）きな 音が する。（　）

⑦ ち下てつに のる。（　）

⑧ 花（はな）火を 見（み）た。（　）

⑨ 白（しろ）い 花を うえる。（　）

⑩ きれいな 貝がら。（　）

かんじ 1-⑦

かきの　たしかめ ①

つぎの　ぶんを　よみましょう。
□には、あてはまる　かんじを　あたまの　なかで　うかべて　えんぴつで　なぞりましょう。

① 一(いち)年生(ねんせい)の　かん字(じ)。

② 右(みぎ)手(て)を　あげる。

③ 大(おお)雨(あめ)が　ふる。

④ 二(に)百(ひゃく)円(えん)を　もらう。

⑤ じごくの　えんま大(だい)王(おう)。

⑥ 大(おお)きな　音(おと)が　する。

⑦ ち下(か)てつに　のる。

⑧ 花(はな)火(び)を　見(み)た。

⑨ 白(しろ)い　花(はな)を　うえる。

⑩ きれいな　貝(かい)がら。

かんじ 1－⑧

かきの　たしかめ ②

■ つぎの　ぶんを　よみましょう。
□には、あてはまる　かんじを　あたまの　なかで　うかべて　えんぴつで　かきましょう。

① □(いち)年生(ねんせい)の　かん字(じ)。

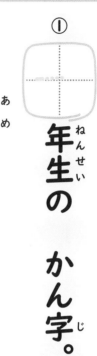

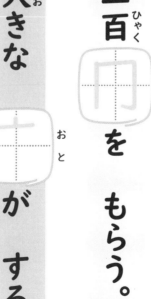

② □(みぎ)手(て)を　あげる。

③ 大(おお)□(あめ)が　ふる。

④ 二(に)百(ひゃく)□(えん)を　もらう。

⑤ じごくの　えんま大(だい)□(おう)。

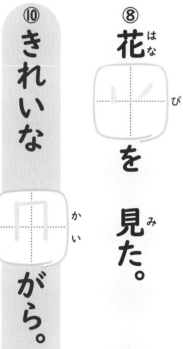

⑥ 大(おお)きな　□(おと)が　する。

⑦ ち□(か)てつに　のる。

⑧ 花(はな)□(び)を　見(み)た。

⑨ 白(しろ)い　□(はな)を　うえる。

⑩ きれいな　□(かい)がら。

かんじ 1-⑨

かきの　たしかめ ③

□ つぎの　ぶんを　よみましょう。
□には、あてはまる　かんじを　あたまの　なかで　うかべて　えんぴつで　かきましょう。

① □(いち)年生(ねんせい)の　かん字(じ)。

② □(みぎ)手(て)を　あげる。

③ 大(おお)□(あめ)が　ふる。

④ 二(に)百(ひゃく)□(えん)を　もらう。

⑤ じごくの　えんま大(だい)□(おう)。

⑥ 大(おお)きな　□(おと)が　する。

⑦ ち□(か)てつに　のる。

⑧ 花(はな)□(び)を　見(み)た。

⑨ 白(しろ)い　□(はな)を　うえる。

⑩ きれいな　□(かい)がら。

かんじ 1-⑩

ただしい かんじ みつけ！①

つぎの かんじは、一(いっ)かく かきたされた まちがい かんじです。
ただしい ぶぶんのみを なぞって、ただしい かんじを かきましょう。

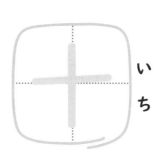

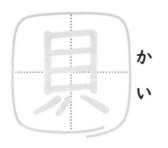

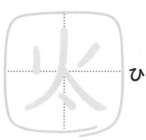

いち

みぎ

あめ

えん

おう

おと

した

ひ

はな

かい

かんじ 2-①

学・気

■てほんの かんじを ゆびで なぞります。
□には、かんじを あたまの なかで うかべてから えんぴつで かきましょう。

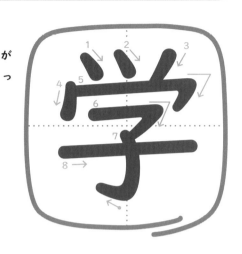

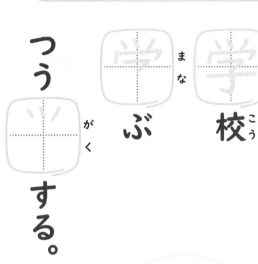

学

音 ガク
訓 まな-ぶ

学(がっ)校(こう)

学(まな)ぶ

つう学(がく)する。

気

音 キ ケ
訓 ―

天(てん)気(き)

へい気(き)

さむ気(け)が する。

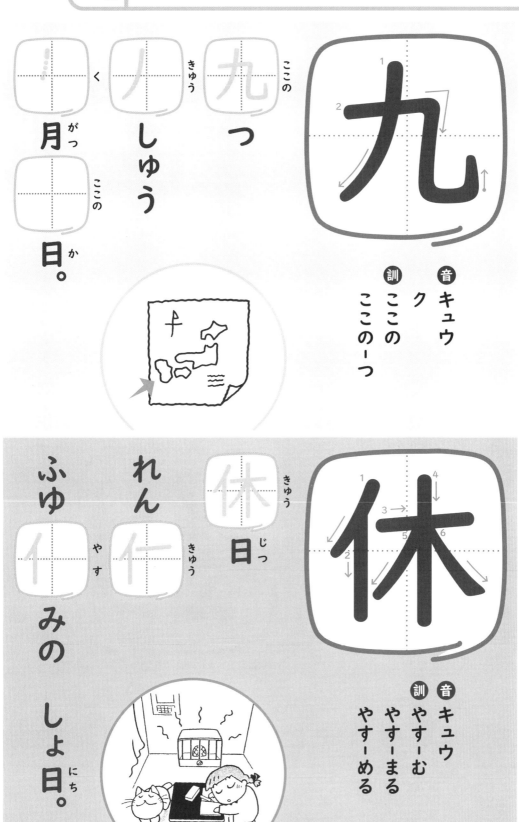

かんじ 2-②

九・休

■ てほんの かんじを ゆびで なぞります。

□には、かんじを あたまの なかで うかべてから えんぴつで かきましょう。

九

音 キュウ ク

訓 ここの ここの-つ

□(ここの)つ

□(きゅう)しゅう

□(く)月(がつ)

□(ここの)日(か)。

休

音 キュウ

訓 やす-む やす-まる やす-める

□(きゅう)日(じつ)

れん□(きゅう)

ふゆ□(やす)みの しょ日(にち)。

かんじ 2-③

玉・金

■ てほんの かんじを ゆびで なぞります。
□ には、かんじを あたまの なかで うかべてから えんぴつで かきましょう。

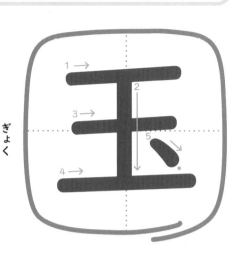

玉

音 ギョク
訓 たま

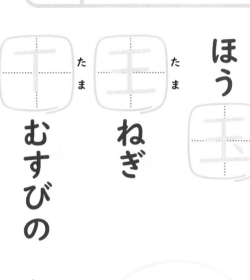

ほう□（ぎょく） □（たま）ねぎ □（たま）むすびの お手本（てほん）。

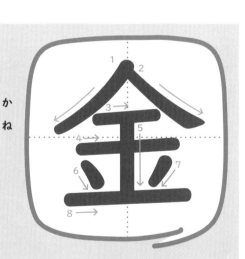

金

音 キン コン
訓 かね ※かな

お□（かね） □（こん）じき □（きん）よう日（び）の スーパー。

かんじ 2-④

空・月

てほんの かんじを ゆびで なぞります。
□には、かんじを あたまの なかで うかべてから えんぴつで かきましょう。

空

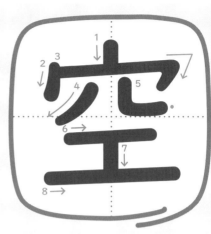

音 クウ
訓 そら あ-く あ-ける から

空(くう)気(き)

青(あお)空(ぞら)

空(あ)きかんを すてる。

月

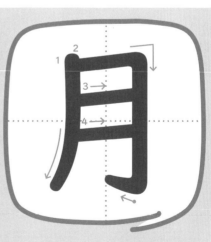

音 ゲツ ガツ
訓 つき

まん月(げつ)

十(じゅう)月(がつ)

お月(つき)見(み)だんご。

かんじ 2-⑤

犬・見

□てほんの　かんじを　ゆびで　なぞります。
□には、かんじを　あたまの　なかで　うかべてから　えんぴつで　かきましょう。

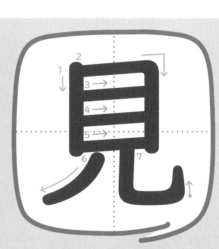

犬

音 ケン
訓 いぬ

子（こ）犬（いぬ）

名（めい）犬（けん）

大（おお）きい□（いぬ）小（ご）や。

見

音 ケン
訓 み-る　み-える　み-せる

見（けん）学（がく）

下（した）見（み）

虫（むし）めがねで□（み）る。

かんじ 2-⑥

よみの　たしかめ

□ つぎの　ぶんを　よみましょう。
――を　ひいた　かんじの　よみを　えんぴつで　（　）に　かきましょう。

① 学校（こう）が　大（だい）すき。

② げん気に　あそぶ。

③ 九本（ほん）の　えんぴつ。

④ なつ休みに　なる。

⑤ 水（みず）玉もよう。

⑥ 金づちで　うつ。

⑦ よ空を　見（み）上（あ）げる。

⑧ 円（まる）い　月が　出（で）た。

⑨ 犬に　えさを　やる。

⑩ リレーを　見に　いく。

かんじ 2-⑦

かきの　たしかめ ①

つぎの　ぶんを　よみましょう。
□には、あてはまる　かんじを　あたまの　なかで　うかべて　えんぴつで　なぞりましょう。

① 学(がっ)校(こう)が　大(だい)すき。

② げん気(き)に　あそぶ。

③ 九(きゅう)本(ほん)の　えんぴつ。

④ なつ休(やす)みに　なる。

⑤ 水(みず)玉(たま)もよう。

⑥ 金(かな)づちで　うつ。

⑦ よ空(ぞら)を　見(み)上(あ)げる。

⑧ 円(まる)い　月(つき)が　出(で)た。

⑨ 犬(いぬ)に　えさを　やる。

⑩ リレーを　見(み)に　いく。

かんじ 2-⑧

かきの　たしかめ ②

□ つぎの　ぶんを　よみましょう。
□には、あてはまる　かんじを　あたまの　なかで　うかべて　えんぴつで　かきましょう。

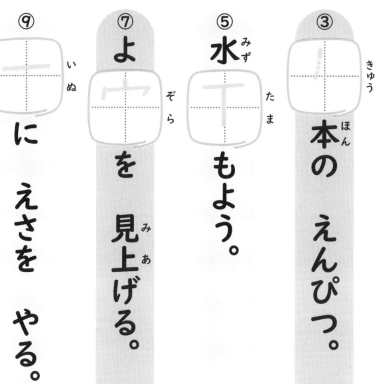

① □（がっ）校（こう）が　大（だい）すき。

② げん□（き）に　あそぶ。

③ □（きゅう）本（ほん）の　えんぴつ。

④ なつ□（やす）みに　なる。

⑤ 水（みず）□（たま）もよう。

⑥ □（かな）づちで　うつ。

⑦ よ□（ぞら）を　見（み）上（あ）げる。

⑧ 円（まる）い　□（つき）が　出（で）た。

⑨ □（いぬ）に　えさを　やる。

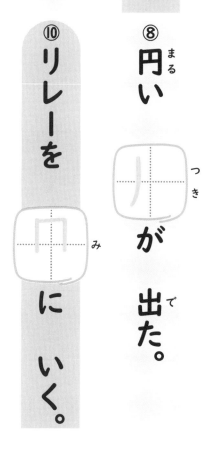

⑩ リレーを　□（み）に　いく。

かんじ 2－⑨

かきの　たしかめ ③

つぎの　ぶんを　よみましょう。
□には、あてはまる　かんじを　あたまの　なかで　うかべて　えんぴつで　かきましょう。

① □(がっ)校(こう)が　大(だい)すき。

② げん□(き)に　あそぶ。

③ □(きゅう)本(ほん)の　えんぴつ。

④ なつ□(やす)みに　なる。

⑤ 水(みず)□(たま)もよう。

⑥ □(かな)づちで　うつ。

⑦ よ□(ぞら)を　見(み)上(あ)げる。

⑧ 円(まる)い　□(つき)が　出(で)た。

⑨ □(いぬ)に　えさを　やる。

⑩ リレーを　□(み)に　いく。

かんじ 2-⑩

なぞり めいろ ①

ただしい かんじの みちを とおって、スタートから ゴールを めざします。
ただしい かんじのみ えんぴつで なぞりましょう。
（まちがい かんじを ただしく かきなおせたら、はなまるです）

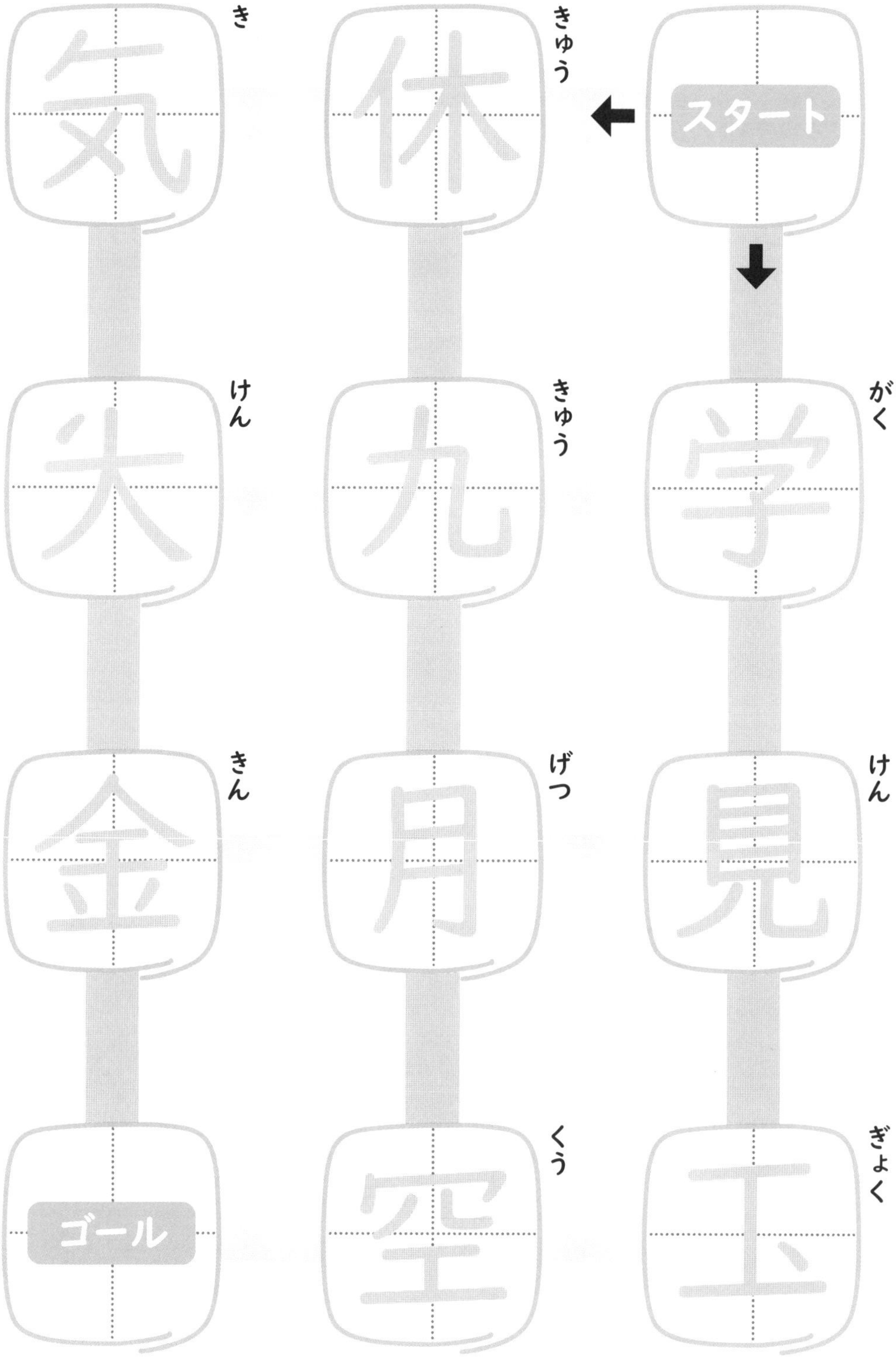

気（き）	休（きゅう）	スタート
犬（けん）	九（きゅう）	学（がく）
金（きん）	月（げつ）	見（けん）
ゴール	空（くう）	玉（ぎょく）

かんじ
3-①

五・口

■てほんの　かんじを　ゆびで　なぞります。
□には、かんじを　あたまの　なかで　うかべてから　えんぴつで　かきましょう。

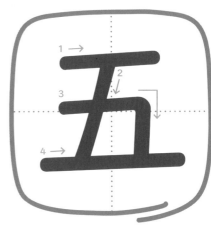

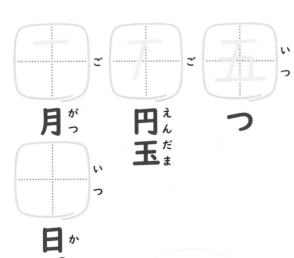

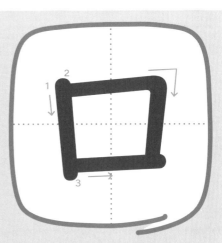

五

音　ゴ
訓　いつ
いつ-つ

□(いつ)つ

□(ご)円玉(えんだま)

□(ご)月(がつ)□(いつ)日(か)。

口

音　コウ
ク
訓　くち

□(くち)ぶえ

人(じん)□(こう)

□(く)ちょうを　かえる。

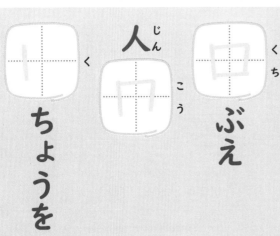

かんじ 3-② 校・左

■ てほんの　かんじを　ゆびで　なぞります。
□ には、かんじを　あたまの　なかで　うかべてから　えんぴつで　かきましょう。

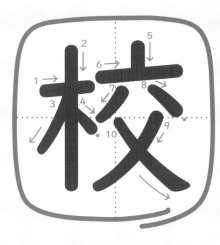

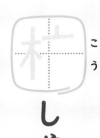

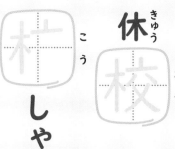

校

音 コウ
訓 ―

休（きゅう）校（こう）

校（こう）しゃ

やさしい　校（こう）いさん。

左

音 サ
訓 ひだり

左（ひだり）手（て）

左（さ）右（ゆう）

いえの　左（ひだり）がわ。

かんじ 3-③

三・山

てほんの　かんじを　ゆびで　なぞります。
□には、かんじを　あたまの　なかで　うかべてから　えんぴつで　かきましょう。

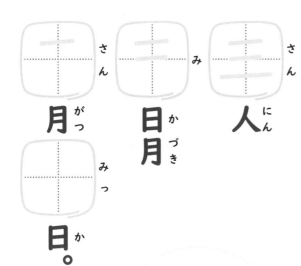

三

音 サン
訓 み
み-つ
みっ-つ

□(さん)人(にん)　□(み)日月(かづき)　□(さん)月(がつ)　□(みっ)日(か)。

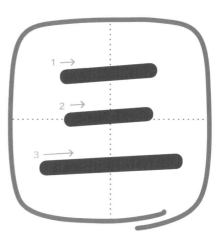

山

音 サン
訓 やま

ふじ□(さん)　下(げ)□(ざん)　□(やま)のぼりの　たのしさ。

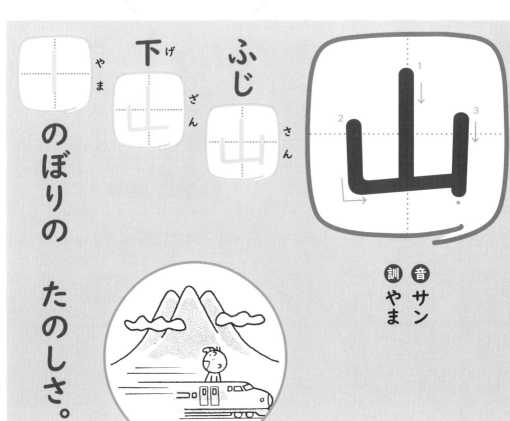

かんじ 3-④

子・四

■ てほんの かんじを ゆびで なぞります。
□には、かんじを あたまの なかで うかべてから えんぴつで かきましょう。

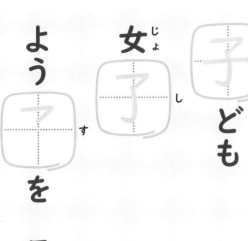

子

音 シ ス
訓 こ

子（こ）ども
女（じょ）子（し）
よう子（す）を見（み）る。

四

音 シ
訓 よ よっ よっつ よん

四（よ）つば
四（よん）こ
四（し）月（がつ）
四（よっ）日（か）。

かんじ 3-⑤

糸・字

てほんの かんじを ゆびで なぞります。

□には、かんじを あたまの なかで うかべてから えんぴつで かきましょう。

糸

音 シ

訓 いと

糸(いと)車(ぐるま)

金(きん)糸(し)

赤(あか)い 糸(いと)で あやとり。

字

音 ジ

訓 ―

名(みょう)字(じ)

赤(あか)字(じ)

かみに 文(も)字(じ)を かく。

かんじ 3-⑥

よみの　たしかめ

つぎの　ぶんを　よみましょう。
――を　ひいた　かんじの　よみを　えんぴつで（　）に　かきましょう。

① 五円玉(えんだま)を　出(だ)す。（　）

② 口を　あける。（　）

③ 校かを　うたう。（　）

④ 左右(ゆう)を　見(み)る。（　）

⑤ 三つの　おねがい。（　）

⑥ 火(か)山を　しらべる。（　）

⑦ 女(じょ)子が　あつまる。（　）

⑧ 四つばを　さがす。（　）

⑨ け糸を　あむ。（　）

⑩ かん字を　よむ。（　）

かんじ 3-⑦

かきの たしかめ ①

つぎの ぶんを よみましょう。
□には、あてはまる かんじを あたまの なかで うかべて えんぴつで なぞりましょう。

① 五(ご)円玉(えんだま)を 出(だ)す。

② 口(くち)を あける。

③ 校(こう)かを うたう。

④ 左(さ)右(ゆう)を 見(み)る。

⑤ 三(みっ)つの おねがい。

⑥ 火(か)山(ざん)を しらべる。

⑦ 女(じょ)子(し)が あつまる。

⑧ 四(よ)つばを さがす。

⑨ け糸(いと)を あむ。

⑩ かん字(じ)を よむ。

かきの　たしかめ ②

□ つぎの　ぶんを　よみましょう。
□には、あてはまる　かんじを　あたまの　なかで　うかべて　えんぴつで　かきましょう。

① □(ご)円玉(えんだま)を　出(だ)す。

② □(くち)を　あける。

③ □(こう)かを　うたう。

④ □(さ)右(ゆう)を　見(み)る。

⑤ □(みっ)つの　おねがい。

⑥ 火(か)□(ざん)を　しらべる。

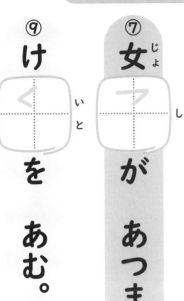

⑦ 女(じょ)□(し)が　あつまる。

⑧ □(よ)つばを　さがす。

⑨ け□(いと)を　あむ。

⑩ かん□(じ)を　よむ。

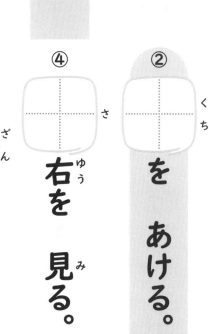

かんじ 3-⑨

かきの　たしかめ ③

つぎの　ぶんを　よみましょう。
□には、あてはまる　かんじを　あたまの　なかで　うかべて　えんぴつで　かきましょう。

① □（ご）円玉（えんだま）を　出（だ）す。

② □（くち）を　あける。

③ □（こう）かを　うたう。

④ □（さ）右（ゆう）を　見（み）る。

⑤ □（みっ）つの　おねがい。

⑥ 火（か）□（ざん）を　しらべる。

⑦ 女（じょ）□（し）が　あつまる。

⑧ □（よ）つばを　さがす。

⑨ け□（いと）を　あむ。

⑩ かん□（じ）を　よむ。

かんじ
3－⑩

かんじ　みつけ！ ①

■ つぎの ずの なかに、ならった かんじが 十こ かくれて います。かくれて いる かんじを みつけて、えんぴつで なぞりましょう。

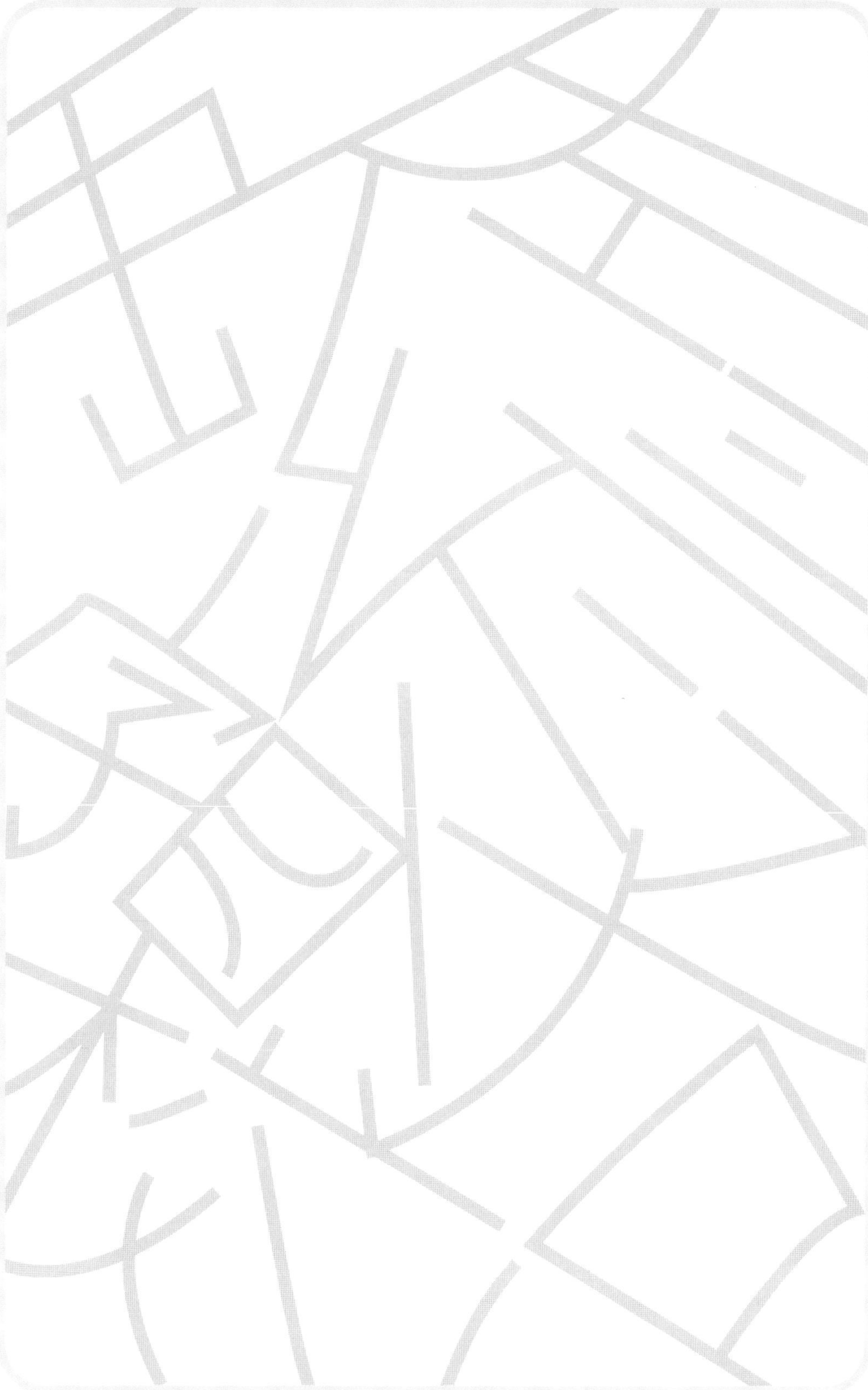

かんじ 4-①

耳・七

■ てほんの かんじを ゆびで なぞります。
□には、かんじを あたまの なかで うかべてから えんぴつで かきましょう。

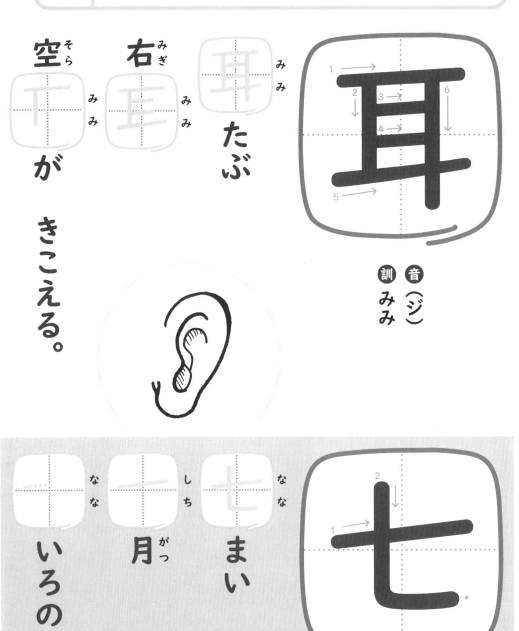

耳

1 2 3 4 5 6

音 （ジ）
訓 みみ

耳(みみ)たぶ

右(みぎ)耳(みみ)

空(そら)耳(みみ)が きこえる。

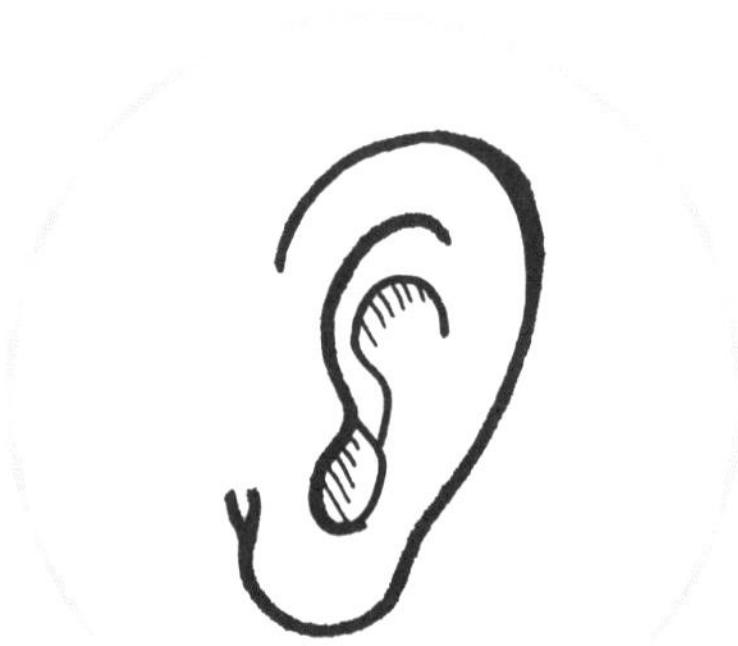

七

1 2

音 シチ
訓 なな なな-つ
※なの

七(なな)まい

七(しち)月(がつ)

七(なな)いろの にじ。

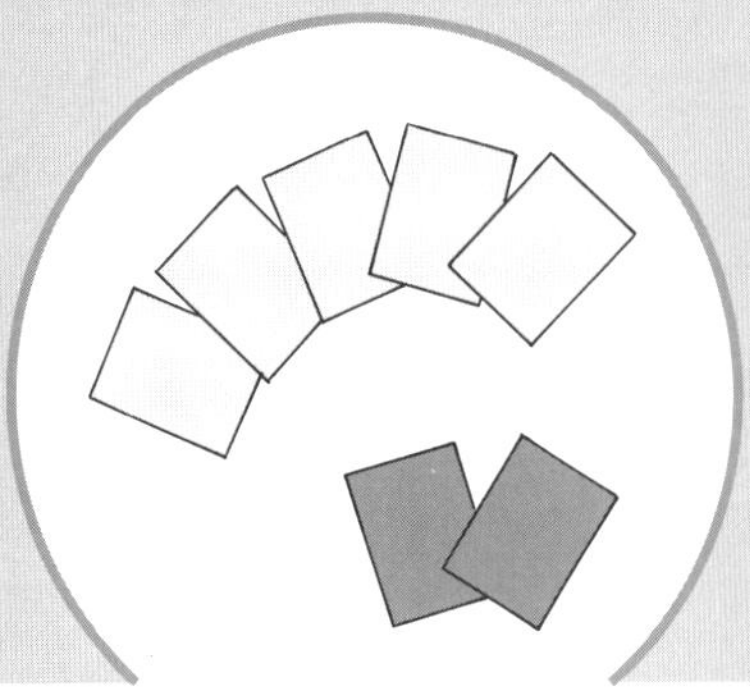

かんじ 4-②

車・手

てほんの　かんじを　ゆびで　なぞります。

□には、かんじを　あたまの　なかで　うかべてから　えんぴつで　かきましょう。

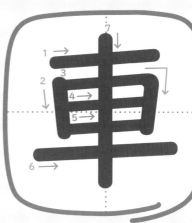

車

音 シャ
訓 くるま

車(しゃ)りん

かざ車(ぐるま)

青(あお)い　じてん車(しゃ)。

手

音 シュ
訓 て

お手(て)つだい

手(て)がかり

ともと　あく手(しゅ)。

かんじ
4-③

十・出

■てほんの　かんじを　ゆびで　なぞります。
□には、かんじを　あたまの　なかで　うかべてから　えんぴつで　かきましょう。

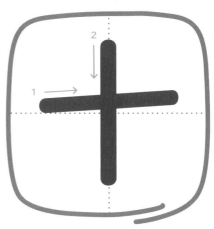

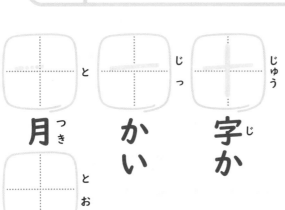

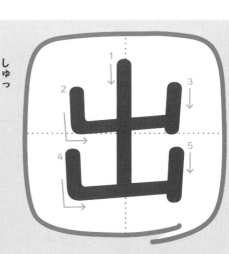

十

音　ジュウ　ジッ
訓　とお　と

□(じゅう)字(じ)か

□(じっ)かい

□(と)月(つき)□(とお)日(か)。

出

音　シュツ
訓　でる　だす

□(しゅっ)ぱつ

ふな□(で)

車(しゃ)こから　車(くるま)を□(だ)す。

かんじ 4-④

女・小

てほんの かんじを ゆびで なぞります。
□には、かんじを あたまの なかで うかべてから えんぴつで かきましょう。

女

音 ジョ
訓 おんな

女(おんな)の子(こ)

男(だん)女(じょ)

子(こ)やくの しょう女(じょ)。

小

音 ショウ
訓 ちい-さい こ お

小(お)川(がわ)

小(しょう)学校(がっこう)

小(ちい)さい あり。

かんじ 4－⑤

上・森

■てほんの　かんじを　ゆびで　なぞります。
□には、かんじを　あたまの　なかで　うかべてから　えんぴつで　かきましょう。

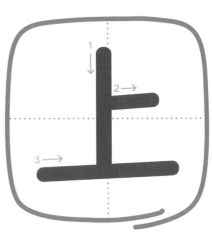

上

音　ジョウ
訓　うえ　※うわ　かみ　あ－げる　のぼ－る

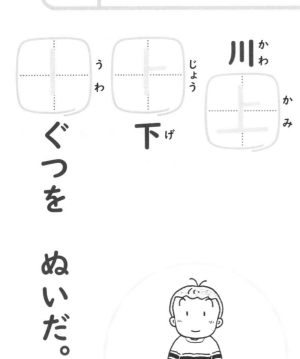

川(かわ)□(かみ)　□(じょう)下(げ)　□(うわ)ぐつを　ぬいだ。

森

音　シン
訓　もり

□(しん)林(りん)　青(あお)□(もり)けん　□(もり)の　中(なか)に　入(はい)る。

かんじ 4-⑥

よみの　たしかめ

□ つぎの　ぶんを　よみましょう。
――を　ひいた　かんじの　よみを　えんぴつで（　）に　かきましょう。

①耳を　かたむける。（　）

②七五三を　いわう。（　）

③じどう車に　のる。（　）

④手じなを　する。（　）

⑤十人の　グループ。（　）

⑥あねと　出かける。（　）

⑦ゆきの　女王。（　）

⑧小学六年生の　あね。（　）

⑨山の　上に　のぼる。（　）

⑩森林に　すむ　とり。（　）

かんじ
4－⑦

かきの　たしかめ ①

□ つぎの　ぶんを　よみましょう。
□には、あてはまる　かんじを　あたまの　なかで　うかべて　えんぴつで　なぞりましょう。

① 耳(みみ)を　かたむける。

② 七(しち)五三(ごさん)を　いわう。

③ じどう車(しゃ)に　のる。

④ 手(て)じなを　する。

⑤ 十(じゅう)人(にん)の　グループ。

⑥ あねと　出(で)かける。

⑦ ゆきの　女(じょ)王(おう)。

⑧ 小(しょう)学六年生(がくろくねんせい)の　あね。

⑨ 山(やま)の　上(うえ)に　のぼる。

⑩ 森(しん)林(りん)に　すむ　とり。

かんじ 4－⑧

かきの　たしかめ ②

つぎの　ぶんを　よみましょう。
□には、あてはまる　かんじを　あたまの　なかで　うかべて　えんぴつで　かきましょう。

① □（みみ）を　かたむける。

② □（しち）五三（ごさん）を　いわう。

③ じどう□（しゃ）に　のる。

④ □（て）じなを　する。

⑤ □（じゅう）人（にん）の　グループ。

⑥ あねと　□（で）かける。

⑦ ゆきの　□（じょ）王（おう）。

⑧ □（しょう）学六年生（がくろくねんせい）の　あね。

⑨ 山（やま）の　□（うえ）に　のぼる。

⑩ □（しん）林（りん）に　すむ　とり。

かんじ 4-⑨

かきの　たしかめ ③

□ つぎの　ぶんを　よみましょう。
□には、あてはまる　かんじを　あたまの　なかで　うかべて　えんぴつで　かきましょう。

① □(みみ)を　かたむける。

③ じどう□(しゃ)に　のる。

⑤ □(じゅう)人(にん)の　グループ。

⑦ ゆきの　□(じょ)王(おう)。

⑨ 山(やま)の　□(うえ)に　のぼる。

② □(しち)五三(ごさん)を　いわう。

④ □(て)じなを　する。

⑥ あねと　□(で)かける。

⑧ □(しょう)学六年生(がくろくねんせい)の　あね。

⑩ □(しん)林(りん)に　すむ　とり。

かんじ 4-⑩

ただしい かんじ みつけ！②

■ つぎの かんじは、一(いっ)かく かきたされた まちがい かんじです。ただしい ぶぶんのみを なぞって、ただしい かんじを かきましょう。

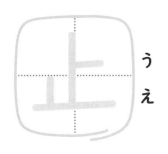

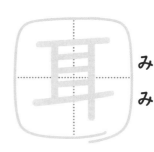

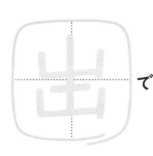

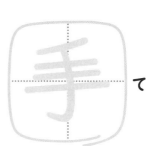

みみ

じゅう

うえ

しち

で

もり

くるま

おんな

て

しょう

かんじ 5-①

人・水

■ てほんの　かんじを　ゆびで　なぞります。
□ には、かんじを　あたまの　なかで　うかべてから　えんぴつで　かきましょう。

人

音 ジン　ニン
訓 ひと

人(ひと)手(で)

人(じん)生(せい)

人(にん)気(き)ものの　アイドル。

水

音 スイ
訓 みず

雨(あま)水(みず)

水(すい)えい

にわで　水(みず)あそび。

かんじ 5-②

正・生

■ てほんの かんじを ゆびで なぞります。

□ には、かんじを あたまの なかで うかべてから えんぴつで かきましょう。

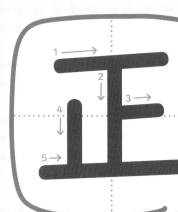

正

音 セイ ショウ
訓 ただ-しい まさ

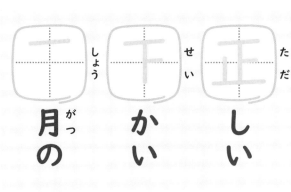

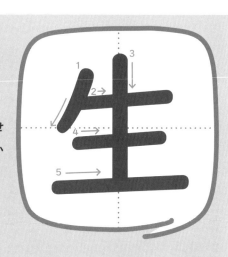

□(ただ)しい

□(せい)かい

□(しょう)月(がつ)の おせち。

生

音 セイ ショウ
訓 い-きる う-まれる は-える なま

小学(しょうがく)□(せい)

□(なま)やさい

子(こ)が □(う)まれる。

青・夕

□てほんの　かんじを　ゆびで　なぞります。
□には、かんじを　あたまの　なかで　うかべてから　えんぴつで　かきましょう。

青

音　セイ
訓　あお　あお-い

青（あお）空（ぞら）

青（せい）年（ねん）

青（あお）白（じろ）い　コップ。

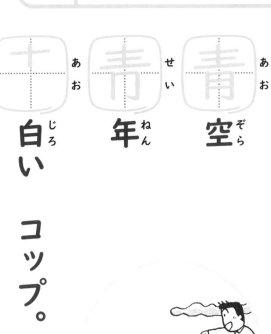

夕

音　（セキ）
訓　ゆう

夕（ゆう）日（ひ）

七夕（たなばた）

とくべつな　よみかたを　するよ。

夕（ゆう）やけ空（ぞら）。

かんじ 5-④

石・赤

■ てほんの かんじを ゆびで なぞります。
□には、かんじを あたまの なかで うかべてから えんぴつで かきましょう。

石

音 セキ ※シャク
訓 いし

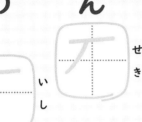

石（せき）ゆ

がん石（せき）

白（しろ）の石（いし）だたみ。

赤

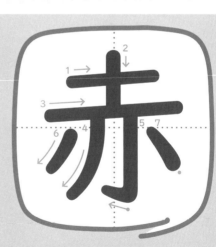

音 セキ
訓 あか あか-い

赤（せき）十字（じゅうじ）

赤（あか）ちゃん

赤（あか）い しょうぼう車（しゃ）。

かんじ
5-⑤

千・川

□てほんの　かんじを　ゆびで　なぞります。
□には、かんじを　あたまの　なかで　うかべてから　えんぴつで　かきましょう。

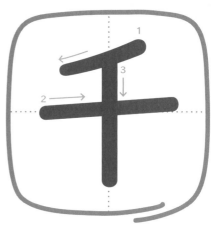

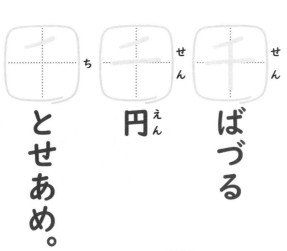

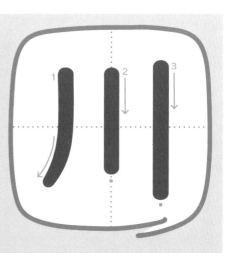

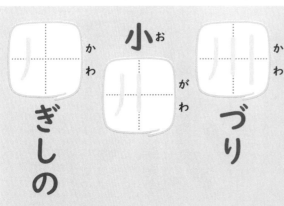

千

音　セン
訓　ち

千（せん）ばづる
千（せん）円（えん）
千（ち）とせあめ。

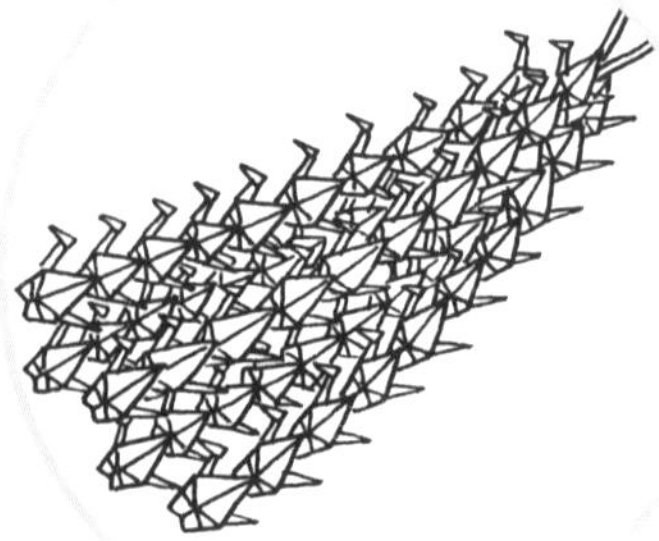

川

音　（セン）
訓　かわ

川（かわ）づり
小（お）川（がわ）
川（かわ）ぎしの　石（いし）。

かんじ 5-⑥

よみの たしかめ

■ つぎの ぶんを よみましょう。
——を ひいた かんじの よみを えんぴつで （　）に かきましょう。

① 小(こ)人の どうわ。（　）

② 水よう日(び)の クラブ。（　）

③ 正しい しせい。（　）

④ 生かつかの 本(ほん)。（　）

⑤ 青虫(むし)を 見(み)つけた。（　）

⑥ まっ赤(か)な 夕やけ。（　）

⑦ じ石に くっつく。（　）

⑧ 赤い 花(はな)を つむ。（　）

⑨ 一(いっ)千まん円(えん)が あたる。（　）

⑩ 小(お)川を わたる。（　）

かんじ
5-⑦

かきの　たしかめ ①

つぎの　ぶんを　よみましょう。
□には、あてはまる　かんじを　あたまの　なかで　うかべて　えんぴつで　なぞりましょう。

① 小人（こびと）の　どうわ。

② 水（すい）よう日（び）の　クラブ。

③ 正（ただ）しい　しせい。

④ 生（せい）かつかの　本（ほん）。

⑤ 青（あお）虫（むし）を　見（み）つけた。

⑥ まっ赤（か）な　夕（ゆう）やけ。

⑦ じ石（しゃく）に　くっつく。

⑧ 赤（あか）い　花（はな）を　つむ。

⑨ 一（いっ）千（せん）まん円（えん）が　あたる。

⑩ 小（お）川（がわ）を　わたる。

かんじ 5-⑧

かきの　たしかめ ②

■ つぎの　ぶんを　よみましょう。
□には、あてはまる　かんじを　あたまの　なかで　うかべて　えんぴつで　かきましょう。

① 小（こ）□（びと）の　どうわ。

③ □（ただ）しい　しせい。

⑤ □（あお）虫（むし）を　見（み）つけた。

⑦ じ□（しゃく）に　くっつく。

⑨ 一（いっ）□（せん）まん円（えん）が　あたる。

② □（すい）よう日（び）の　クラブ。

④ □（せい）かつかの　本（ほん）。

⑥ まっ赤（か）な　□（ゆう）やけ。

⑧ □（あか）い　花（はな）を　つむ。

⑩ 小（お）□（がわ）を　わたる。

かんじ 5-⑨

かきの　たしかめ③

□ つぎの　ぶんを　よみましょう。
□には、あてはまる　かんじを　あたまの　なかで　うかべて　えんぴつで　かきましょう。

① 小（こ）□（びと）の　どうわ。

② □（すい）よう日（び）の　クラブ。

③ □（ただ）しい　しせい。

④ □（せい）かつかの　本（ほん）。

⑤ □（あお）虫（むし）を　見（み）つけた。

⑥ まっ赤（か）な　□（ゆう）やけ。

⑦ じ□（しゃく）に　くっつく。

⑧ □（あか）い　花（はな）を　つむ。

⑨ 一（いっ）□（せん）まん円（えん）が　あたる。

⑩ 小（お）□（がわ）を　わたる。

かんじ 5-⑩

かんじ みつけ！②

つぎの ずの なかに、ならった かんじが 十(じっ)こ かくれて います。かくれて いる かんじを みつけて、えんぴつで なぞりましょう。

かんじ 6-①

先・早

てほんの かんじを ゆびで なぞります。
□には、かんじを あたまの なかで うかべてから えんぴつで かきましょう。

先

音 セン
訓 さき

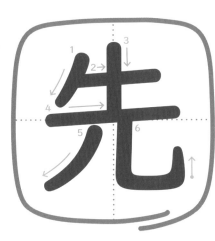

先(せん)生(せい)

つま先(さき)

先(せん)とう車(しゃ)に のる。

早

音 ソウ
訓 はや-い

早(そう)ちょう

早(はや)口(くち)

早(はや)ね 早(はや)おき。

かんじ
6－②

草・足

てほんの　かんじを　ゆびで　なぞります。

にはかんじを　あたまの　なかで　うかべてから　えんぴつで　かきましょう。

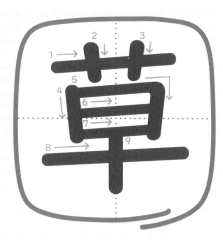

草

音　ソウ
訓　くさ

草(くさ)花(ばな)

水(みず)草(くさ)

れんげ草(そう)。

足

音　ソク
訓　あし
たーりる
たーす

右(みぎ)足(あし)

えん足(そく)

とくいな

足(た)しざん。

かんじ
6－③

村・大

■ てほんの　かんじを　ゆびで　なぞります。

□には、かんじを　あたまの　なかで　うかべてから　えんぴつで　かきましょう。

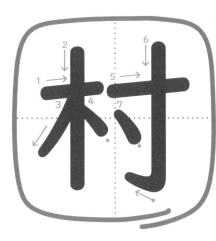

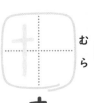

村

音 ソン
訓 むら

山（さん）□（そん）

□（むら）人（びと）

□（むら）まつりの　よみせ。

大

音 ダイ
タイ
訓 おお
おお－きい
おお－いに

□（だい）小（しょう）

□（たい）金（きん）

□（おお）むかしの　はなし。

男・竹

てほんの　かんじを　ゆびで　なぞります。

□には、かんじを　あたまの　なかで　うかべてから　えんぴつで　かきましょう。

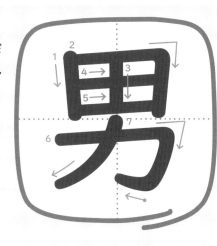

男

音　ダン　ナン

訓　おとこ

男(だん)女(じょ)

三(さん)□(なん)

おおかみ□(おとこ)。

竹

音　チク

訓　たけ

青(あお)竹(たけ)

□(ちく)わ

□(たけ)うまで　あるく。

中・虫

□てほんの かんじを ゆびで なぞります。
□には、かんじを あたまの なかで うかべてから えんぴつで かきましょう。

中

音 チュウ ※ジュウ
訓 なか

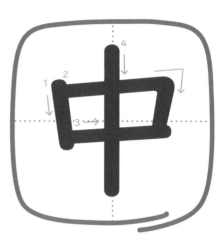

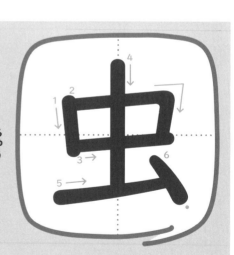

まん中(なか)

一日(いちにち)中(じゅう)

中(ちゅう)学生(がくせい)の あね。

虫

音 チュウ
訓 むし

こん虫(ちゅう)

だんご虫(むし)

はの 上(うえ)の 青(あお)虫(むし)。

ゴール　スタート

かんじ 6-⑥

よみの　たしかめ

□ つぎの　ぶんを　よみましょう。――を　ひいた　かんじの　よみを　えんぴつで（　）に　かきましょう。

① ゆび先に　とまる。（　）

② 早足（あし）で　あるく。（　）

③ 草げんを　はしる。（　）

④ 足の　はやい　人（ひと）。（　）

⑤ ふるさとの　村。（　）

⑥ 大きな　ビルが　たつ。（　）

⑦ 一人（ひとり）の　男の子（こ）。（　）

⑧ 竹で　できた　かたな。（　）

⑨ せかい中に　ある　もの。（　）

⑩ 虫かごに　入（い）れる。（　）

かんじ 6-⑦

かきの　たしかめ ①

■ つぎの　ぶんを　よみましょう。
□には、あてはまる　かんじを　あたまの　なかで　うかべて　えんぴつで　なぞりましょう。

① ゆび先（さき）に　とまる。

② 早（はや）足（あし）で　あるく。

③ 草（そう）げんを　はしる。

④ 足（あし）の　はやい　人（ひと）。

⑤ ふるさとの　村（むら）。

⑥ 大（おお）きな　ビルが　たつ。

⑦ 一人（ひとり）の　男（おとこ）の　子（こ）。

⑧ 竹（たけ）で　できた　かたな。

⑨ せかい中（じゅう）に　ある　もの。

⑩ 虫（むし）かごに　入（い）れる。

ゴール　スタート

かんじ 6－⑧

かきの　たしかめ ②

□つぎの　ぶんを　よみましょう。
□には、あてはまる　かんじを　あたまの　なかで　うかべて　えんぴつで　かきましょう。

① ゆび□(さき)に　とまる。

② 足(あし)で　あるく。□(はや)

③ □(そう)げんを　はしる。

④ □(あし)の　はやい　人(ひと)。

⑤ ふるさとの　□(むら)。

⑥ □(おお)きな　ビルが　たつ。

⑦ 一人(ひとり)の　□(おとこ)の子(こ)。

⑧ □(たけ)で　できた　かたな。

⑨ せかい□(じゅう)に　ある　もの。

⑩ □(むし)かごに　入(い)れる。

かんじ 6-⑨

かきの　たしかめ ③

□ つぎの　ぶんを　よみましょう。
□には、あてはまる　かんじを　あたまの　なかで　うかべて　えんぴつで　かきましょう。

① ゆび□(さき)に　とまる。

② □(はや)足(あし)で　あるく。

③ □(そう)げんを　はしる。

④ □(あし)の　はやい　人(ひと)。

⑤ ふるさとの　□(むら)。

⑥ □(おお)きな　ビルが　たつ。

⑦ 一人(ひとり)の　□(おとこ)の子(こ)。

⑧ □(たけ)で　できた　かたな。

⑨ せかい□(じゅう)に　ある　もの。

⑩ □(むし)かごに　入(い)れる。

かんじ 6－⑩

なぞり　めいろ ②

■ ただしい　かんじの　みちを　とおって、スタートから　ゴールを　めざします。
ただしい　かんじのみ　えんぴつで　なぞりましょう。
（まちがい　かんじを　ただしく　かきなおせたら、はなまるです）

足（そく）	先（せん）	スタート
男（だん）	中（ちゅう）	村（そん）
竹（ちく）	草（そう）	虫（ちゅう）
ゴール	天（だい）	早（そう）

かんじ 7-①

町・天

■てほんの　かんじを　ゆびで　なぞります。
□には、かんじを　あたまの　なかで　うかべてから　えんぴつで　かきましょう。

町

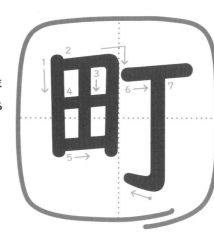

音 チョウ
訓 まち

下(した)町(まち)

町(ちょう)村(そん)

町(まち)おこしで　にぎわう。

天

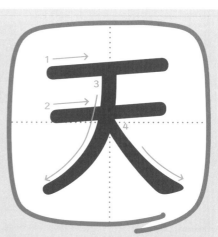

音 テン
訓 ※あま

天(てん)気(き)

雨(う)天(てん)

よ空(ぞら)に　天(あま)の　川(がわ)。

ゴール　スタート

かんじ 7－②

田・土

てほんの　かんじを　ゆびで　なぞります。

□には、かんじを　あたまの　なかで　うかべてから　えんぴつで　かきましょう。

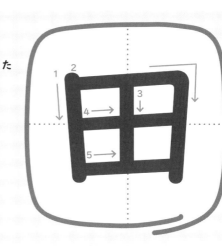

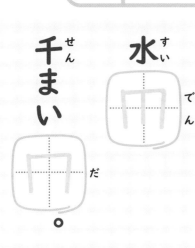

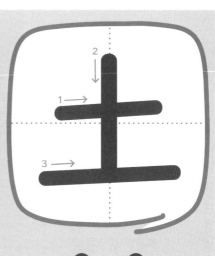

田

音 デン
訓 た

田(た)んぼ

水(すい)田(でん)

千(せん)まい田(だ)。

土

音 ド　ト
訓 つち

土(ど)手(て)

ねん土(ど)

足(あし)うらの土(つち)ふまず。

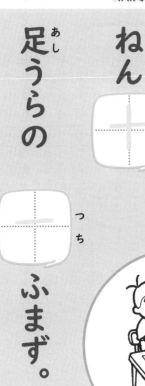

かんじ
7-③

二・日

■てほんの　かんじを　ゆびで　なぞります。
□には、かんじを　あたまの　なかで　うかべてから　えんぴつで　かきましょう。

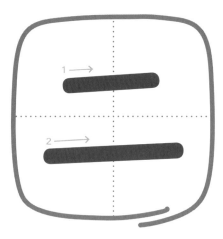

二

音 ニ
訓 ふた
ふた-つ

［二］つ（ふた）

［二］月（に・がつ）

［二］人三きゃく（に・にんさんきゃく）。

日

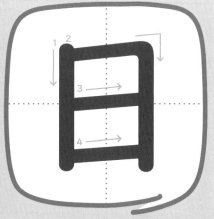

音 ニチ
ジツ
訓 ひ
か

休［日］（きゅう・じつ）

三［日］（みっ・か）

生年月［日］（せいねんがっ・ぴ）を　おぼえる。

かんじ 7-④

入・年

てほんの　かんじを　ゆびで　なぞります。

□には、かんじを　あたまの　なかで　うかべてから　えんぴつで　かきましょう。

入

音　ニュウ

訓　い-る　い-れる　はい-る

入(にゅう)学(がく)

玉(たま)入(い)れ

校(こう)しゃに　入(はい)る。

年

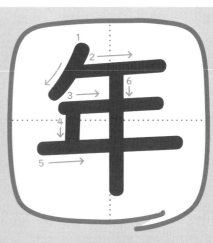

音　ネン

訓　とし

お年(とし)より

学(がく)年(ねん)

一(いち)年(ねん)生(せい)の　はる。

かんじ 7-⑤

白・八

□てほんの　かんじを　ゆびで　なぞります。
□には、かんじを　あたまの　なかで　うかべてから　えんぴつで　かきましょう。

白

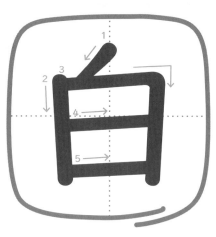

音　ハク
訓　しろ
しろ-い
※しら

□(しろ)目(め)

空(くう)□(はく)

□(はく)ちょうの　およぎ。

八

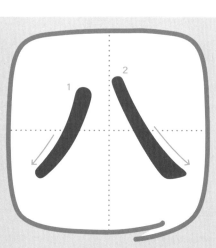

音　ハチ
訓　や
やーつ
やっーつ
※よう

□(やっ)つ

しゃく□(はち)

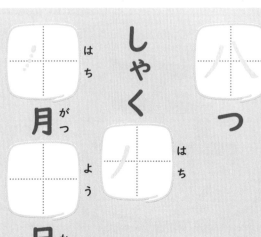

□(はち)月(がつ)□(よう)日(か)。

ゴール　スタート

かんじ 7-⑥

よみの　たしかめ

□ つぎの　ぶんを　よみましょう。
―を　ひいた　かんじの　よみを　えんぴつで　（　）に　かきましょう。

① 小（ちい）さな　町に　すむ。
（　　）（　　）

② さんすうの　天さい。
（　　）

③ 田はたが　ひろがる。
（　　）

④ 土足（そく）で　あがる。
（　　）

⑤ 二つに　一（ひと）つ。
（　　）

⑥ 日の出（で）の　じかん。
（　　）

⑦ 入学（がく）おめでとう。
（　　）

⑧ しん年の　あいさつ。
（　　）

⑨ 白ぐみが　かつ。
（　　）

⑩ 八本（ぽん）足（あし）の　タコ。
（　　）

かんじ 7－⑦

かきの　たしかめ①

□ つぎの　ぶんを　よみましょう。
□には、あてはまる　かんじを　あたまの　なかで　うかべて　えんぴつで　なぞりましょう。

① 小(ちい)さな　町(まち)に　すむ。

② さんすうの　天(てん)さい。

③ 田(た)はたが　ひろがる。

④ 土(ど)足(そく)で　あがる。

⑤ 二(ふた)つに　一(ひと)つ。

⑥ 日(ひ)の出(で)の　じかん。

⑦ 入(にゅう)学(がく)おめでとう。

⑧ しん年(ねん)の　あいさつ。

⑨ 白(しろ)ぐみが　かつ。

⑩ 八(はっ)本足(ぽんあし)の　タコ。

かんじ 7-⑧

かきの　たしかめ ②

つぎの　ぶんを　よみましょう。
□には、あてはまる　かんじを　あたまの　なかで　うかべて　えんぴつで　かきましょう。

① 小（ちい）さな □（まち） に　すむ。

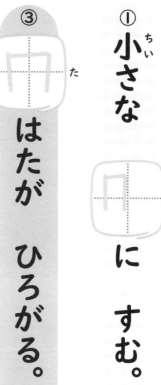

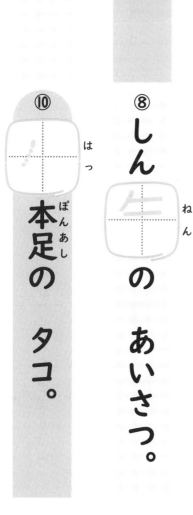

② さんすうの □（てん） さい。

③ □（た） はたが　ひろがる。

④ □（ど） 足（そく）で　あがる。

⑤ □（ふた） つに　一（ひと）つ。

⑥ □（ひ） の出（で）の　じかん。

⑦ □（にゅう） 学（がく）おめでとう。

⑧ しん □（ねん） の　あいさつ。

⑨ □（しろ） ぐみが　かつ。

⑩ □（はっ） 本足（ぽんあし）の　タコ。

かんじ 7-⑨

かきの　たしかめ ③

つぎの　ぶんを　よみましょう。
□には、あてはまる　かんじを　あたまの　なかで　うかべて　えんぴつで　かきましょう。

① 小(ちい)さな　□(まち)に　すむ。

② さんすうの　□(てん)さい。

③ □(た)はたが　ひろがる。

④ □(ど)足(そく)で　あがる。

⑤ □(ふた)つに　一(ひと)つ。

⑥ □(ひ)の出(で)の　じかん。

⑦ □(にゅう)学(がく)おめでとう。

⑧ しん□(ねん)の　あいさつ。

⑨ □(しろ)ぐみが　かつ。

⑩ □(はっ)本足(ぽんあし)の　タコ。

かんじ 7-⑩

ただしい かんじ みつけ！③

■ つぎの かんじは、一かく かきたされた まちがい かんじです。ただしい ぶぶんのみを なぞって、ただしい かんじを かきましょう。

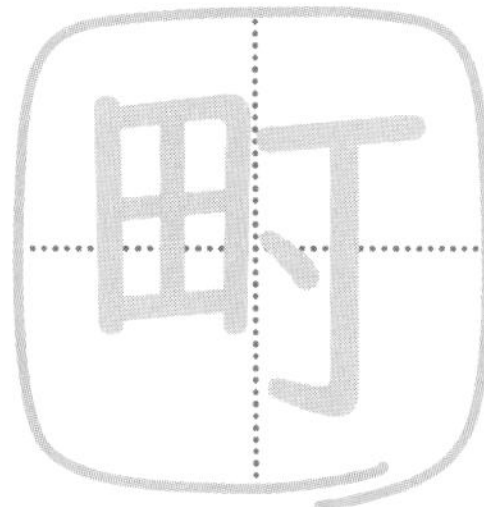
まち

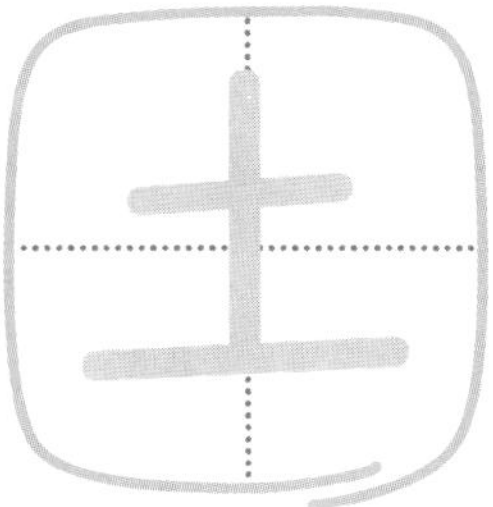
に

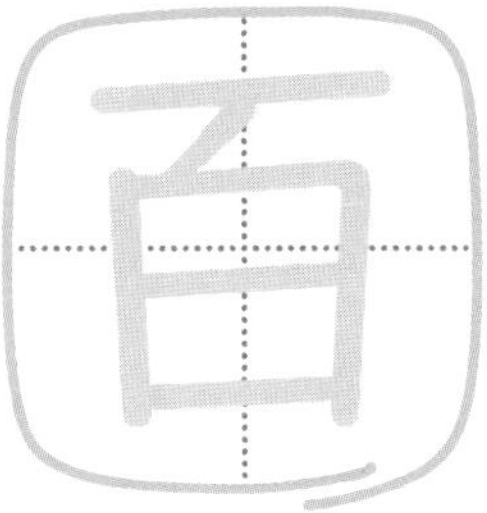
しろ

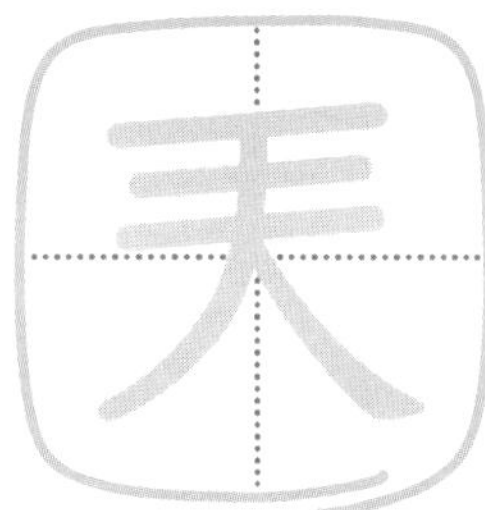
てん

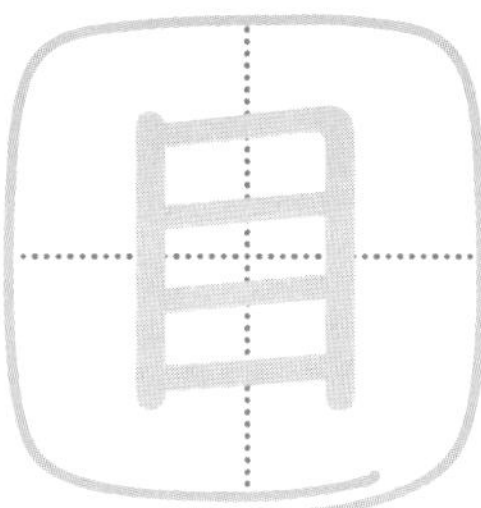
にち

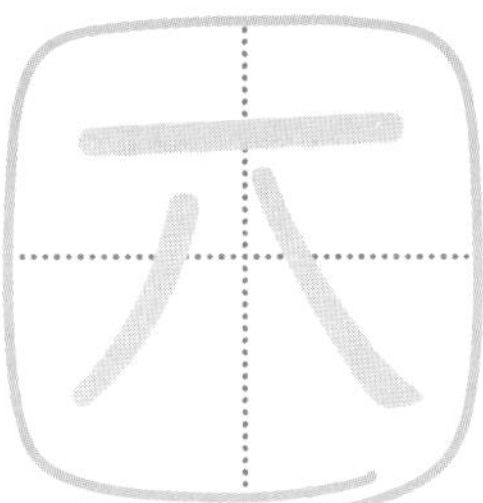
はち

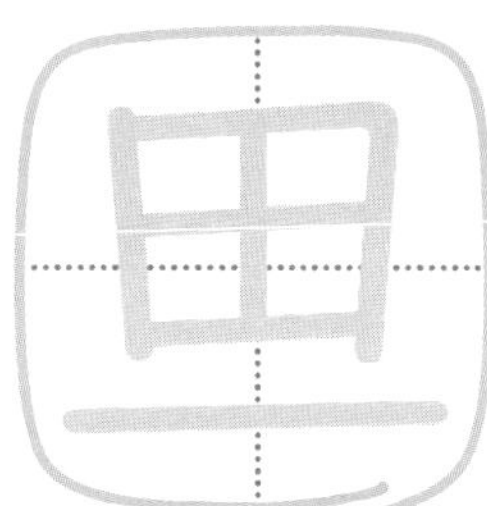
た

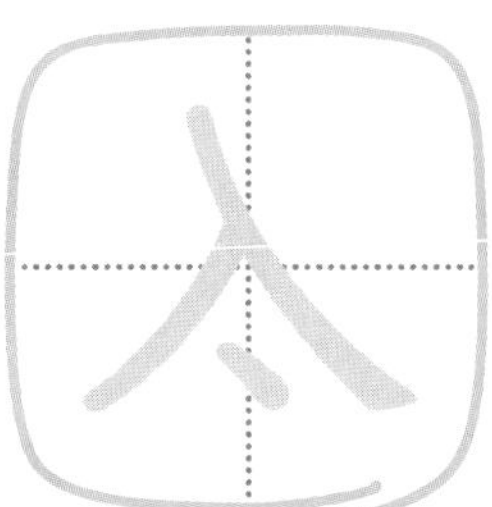
にゅう

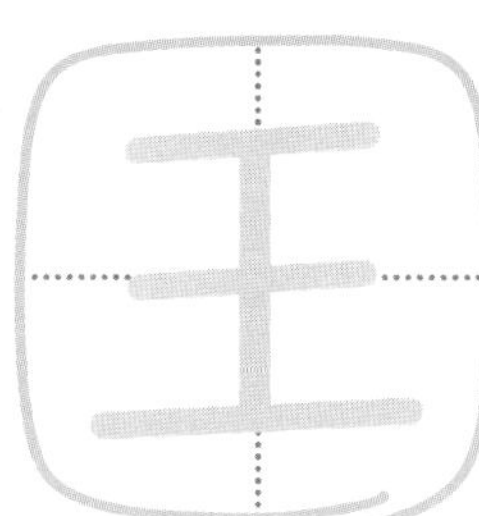
つち

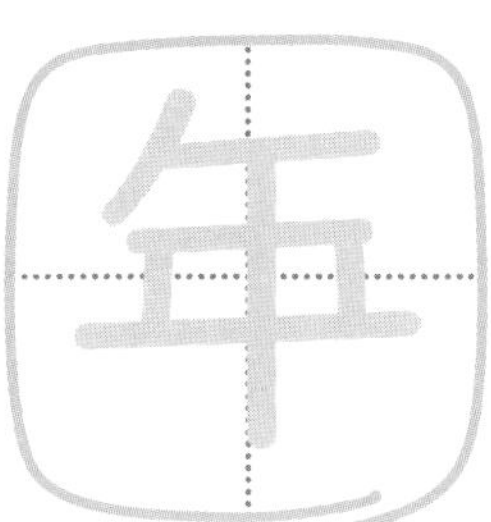
ねん

かんじ 8-①

百・文

■ てほんの かんじを ゆびで なぞります。
□には、かんじを あたまの なかで うかべてから えんぴつで かきましょう。

百

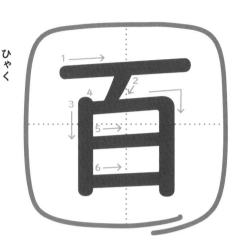

音 ヒャク
訓 ―

百(ひゃく)円(えん)

百(ひゃく)人力(にんりき)

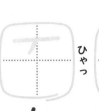

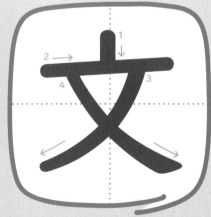

百(ひゃっ)かてんに 出(しゅっ)てん。

文

音 ブン モン
訓 (ふみ)

さく文(ぶん)

天(てん)文(もん)学(がく)

文(ぶん)ぼうぐを そろえる。

かんじ 8-②

木・本

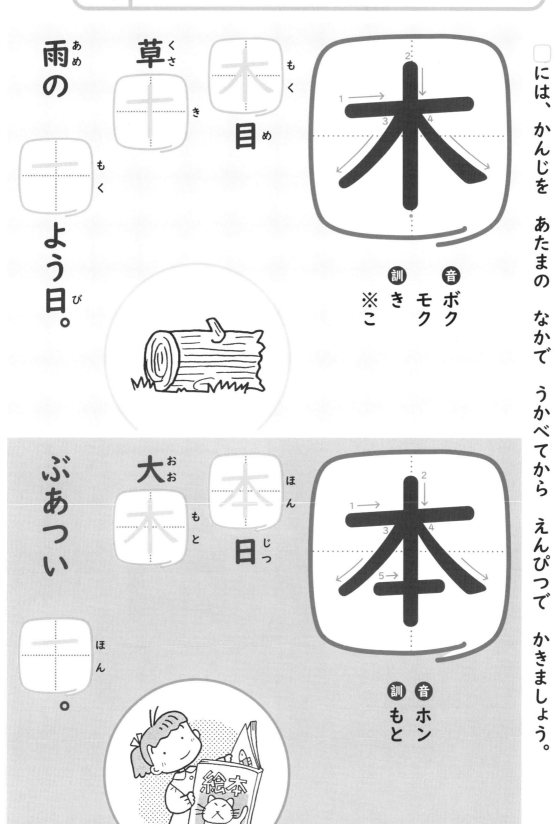

てほんの かんじを ゆびで なぞります。

□には、かんじを あたまの なかで うかべてから えんぴつで かきましょう。

木

1 2 3 4

音 ボク モク

訓 き ※こ

木（もく）目（め）

草（くさ）木（き）

雨（あめ）の 木（もく）よう日（び）。

本

1 2 3 4 5

音 ホン

訓 もと

本（ほん）日（じつ）

大（おお）本（もと）

ぶあつい 本（ほん）。

かんじ
8-③

名・目

□ てほんの　かんじを　ゆびで　なぞります。
□ には、かんじを　あたまの　なかで　うかべてから　えんぴつで　かきましょう。

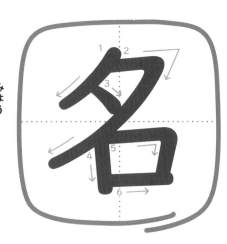

名

音　メイ　ミョウ
訓　な

本（ほん）名（みょう）

名（めい）が

虫（むし）の　名（な）まえ。

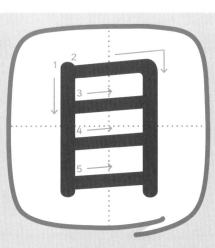

目

音　モク
訓　め

ちゅう目（もく）

目（め）上（うえ）

目（め）ぐすりを　さす。

かんじ 8-④

立・力

■てほんの　かんじを　ゆびで　なぞります。
□には、かんじを　あたまの　なかで　うかべてから　えんぴつで　かきましょう。

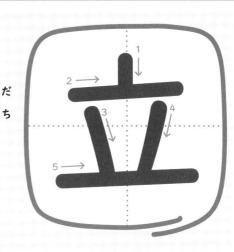

立

1 2 3 4 5

音 リツ
訓 た-つ

夕（ゆう）立（だち）

町（ちょう）立（りつ）

ふと　立（た）ちどまる。

力

1 2

音 リョク　リキ
訓 ちから

体（たい）力（りょく）じまん

力（りき）し

あには　力（ちから）もち。

林・六

□ てほんの かんじを ゆびで なぞります。
□には、かんじを あたまの なかで うかべてから えんぴつで かきましょう。

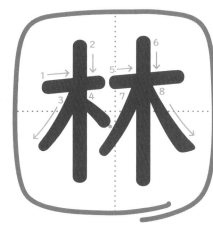

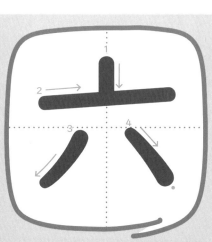

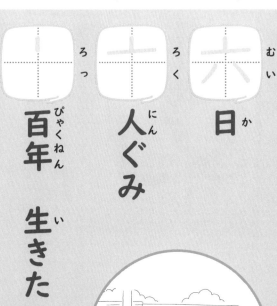

林

音 リン
訓 はやし

山(さん)林(りん)

森(しん)林(りん)

林(はやし)の 中(なか)の いえ。

六

音 ロク
訓 む
む-つ
むっ-つ
※むい

六(むい)日(か)

六(ろく)人(にん)ぐみ

六(ろっ)百年(ぴゃくねん) 生(い)きた 木(き)。

かんじ 8-⑥

よみの　たしかめ

つぎの　ぶんを　よみましょう。
――を　ひいた　かんじの　よみを　えんぴつで（　）に　かきましょう。

①百ぱの　つる。（　）

②文しょうを　よむ。（　）

③木ざいで　つくる。（　）

④え本が　だいすき。（　）

⑤名人に　おしえられる。（　）

⑥クラスの　目ひょう。（　）

⑦本を　立てる。（　）

⑧力いっぱい。（　）

⑨ぼうふう林の　下。（　）

⑩さいころの　六の　目。（　）

かきの　たしかめ ①

■ つぎの　ぶんを　よみましょう。
□には、あてはまる　かんじを　あたまの　なかで　うかべて　えんぴつで　なぞりましょう。

① 百(ひゃっ)ぱの　つる。

② 文(ぶん)しょうを　よむ。

③ 木(もく)ざいで　つくる。

④ え本(ほん)が　だいすき。

⑤ 名(めい)人(じん)に　おしえられる。

⑥ クラスの　目(もく)ひょう。

⑦ 本(ほん)を　立(た)てる。

⑧ 力(ちから)いっぱい。

⑨ ぼうふう林(りん)の　下(した)。

⑩ さいころの　六(ろく)の　目(め)。

かんじ 8-⑧

かきの　たしかめ ②

□ つぎの　ぶんを　よみましょう。
□には、あてはまる　かんじを　あたまの　なかで　うかべて　えんぴつで　かきましょう。

① □（ひゃっ）ぱの　つる。

② □（ぶん）しょうを　よむ。

③ □（もく）ざいで　つくる。

④ え□（ほん）が　だいすき。

⑤ □（めい）人（じん）に　おしえられる。

⑥ クラスの　□（もく）ひょう。

⑦ 本（ほん）を　□（た）てる。

⑧ □（ちから）いっぱい。

⑨ ぼうふう□（りん）の　下（した）。

⑩ さいころの　□（ろく）の　目（め）。

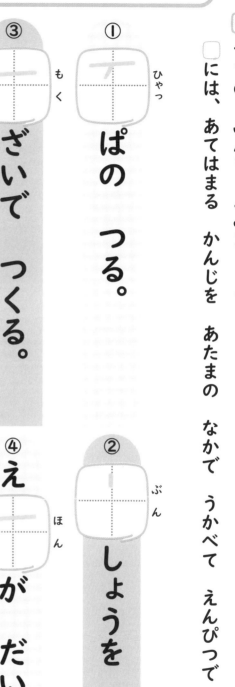

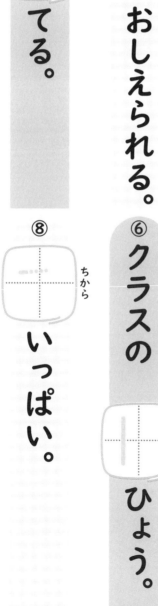

かんじ 8-⑨

かきの　たしかめ ③

□ つぎの　ぶんを　よみましょう。
□には、あてはまる　かんじを　あたまの　なかで　うかべて　えんぴつで　かきましょう。

① □(ひゃっ)ぱの　つる。

② □(ぶん)しょうを　よむ。

③ □(もく)ざいで　つくる。

④ え□(ほん)が　だいすき。

⑤ □(めい)人(じん)に　おしえられる。

⑥ クラスの　□(もく)ひょう。

⑦ 本(ほん)を　□(た)てる。

⑧ □(ちから)いっぱい。

⑨ ぼうふう□(りん)の　下(した)。

⑩ さいころの　□(ろく)の　目(め)。

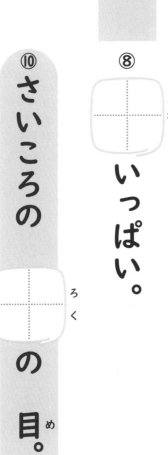

かんじ
8-⑩

かんじ　みつけ！③

□ つぎの　ずの　なかに、ならった　かんじが　十(じっ)こ　かくれて　います。
かくれて　いる　かんじを　みつけて、えんぴつで　なぞりましょう。

かんじ 9-①

1年の　ふくしゅう　①

つぎの　ぶんを　よみましょう。□には、一(いっ)かく　へらした　かんじを　いれて　います。あてはまる　かんじを　あたまの　なかで　うかべて、かきじゅんどおり　えんぴつで　かきましょう。

① あめ玉(だま)が　□(ひと)つ　ある。

② 左(ひだり)、□(みぎ)、左(ひだり)と　見(み)る。

③ □(う)天(てん)で　えんき。

④ ノートに　□(えん)を　かく。

⑤ □(おう)さまが　かわる。

⑥ すきな　□(おん)がく。

⑦ 木(き)の　□(した)で　まつ。

⑧ 山(やま)□(か)じの　ニュース。

⑨ お□(はな)を　そだてた。

⑩ □(かい)の　入(はい)った　スープ。

1年の　ふくしゅう ②

つぎの　ぶんを　よみましょう。
□には、一(いっ)かく　へらした　かんじを　いれて　います。あてはまる　かんじを　あたまの　なかで　うかべて、かきじゅんどおり　えんぴつで　かきましょう。

① かん字(じ)を　学(まな)ぶ。

② しっ気(け)に　なやむ。

③ 石(いし)を　九(ここの)つ　ひろった。

④ 休(きゅう)けいを　はさむ。

⑤ ほう玉(ぎょく)を　みがく。

⑥ 金(きん)ぞくの　おもちゃ。

⑦ よい　空(くう)気(き)を　すう。

⑧ まん月(げつ)と　おだんご。

⑨ 犬(けん)えんの　なか。

⑩ こうじょう見(けん)学(がく)。

かんじ 9-③

1年の　ふくしゅう ③

つぎの　ぶんを　よみましょう。
□には、一(いっ)かく　へらした　かんじを　いれて　います。あてはまる　かんじを
あたまの　なかで　うかべて、かきじゅんどおり　えんぴつで　かきましょう。

① □(いつ)つ　かぞえる。

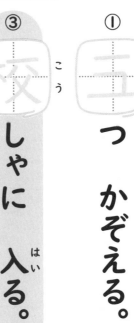

② 人(じん)□(こう)が　ふえる　町(まち)。

③ □(こう)しゃに　入(はい)る。

④ □(ひだり)に　まがる。

⑤ □(さん)まいの　おふだ。

⑥ いえの　ちかくの　□(やま)。

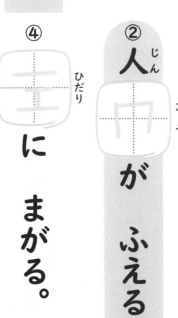

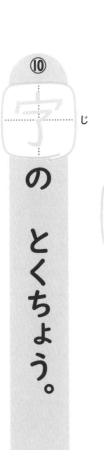

⑦ しんせきの　□(こ)ども。

⑧ 木(き)を　□(よん)本(ほん)　きる。

⑨ □(いと)で　ぬう。

⑩ □(じ)の　とくちょう。

かんじ 9-④

1年の　ふくしゅう④

□ つぎの　ぶんを　よみましょう。
□には、一(いっ)かく　へらした　かんじを　いれて　います。あてはまる　かんじを　あたまの　なかで　うかべて、かきじゅんどおり　えんぴつで　かきましょう。

① じごく　耳(みみ)と　いわれる。

② 七(なな)いろの　にじ。

③ 車(くるま)の　トランク。

④ うんてん手(しゅ)に　なる。

⑤ ふろで　十(じゅう)　かぞえる。

⑥ えん足(そく)に　出(しゅっ)ぱつする。

⑦ あこがれの　女(おんな)の子(こ)。

⑧ 小(ちい)さい　犬(いぬ)と　あそぶ。

⑨ 字(じ)が　上(じょう)たつする。

⑩ 森(もり)に　かくれる。

かんじ 9-⑤

1年の　ふくしゅう ⑤

□ つぎの　ぶんを　よみましょう。
□には、一(いっ)かく　へらした　かんじを　いれて　います。あてはまる　かんじを
あたまの　なかで　うかべて、かきじゅんどおり　えんぴつで　かきましょう。

① ドイツ□(じん)の　ともだち。

② □(みず)に　ながす。

③ クイズに　□(せい)かいした。

④ □(なま)たまごを　たべる。

⑤ □(あお)い　空(そら)。

⑥ □(ゆう)がたに　下校(げこう)する。

⑦ □(いし)を　つみ上(あ)げる。

⑧ □(あか)しんごうで　とまる。

⑨ □(せん)人(にん)の　子(こ)ども。

⑩ □(かわ)に　かかる　はし。

かんじ 9-⑥

1年の　ふくしゅう ⑥

■ つぎの　ぶんを　よみましょう。
□には、一（いっ）かく　へらした　かんじを　いれて　います。あてはまる　かんじを
あたまの　なかで　うかべて、かきじゅんどおり　えんぴつで　かきましょう。

① □（せん）とうに　立（た）つ。

② □（そう）ちょうの　たいそう。

③ 休日（きゅうじつ）の　□（くさ）むしり。

④ くつを　一（いっ）□（そく）　かう。

⑤ □（そん）ちょうに　あう。

⑥ □（だい）じな　人（ひと）。

⑦ □（だん）子（し）と　はなす。

⑧ □（ちく）林（りん）に　入（はい）る。

⑨ はこの　□（なか）に　しまう。

⑩ さっ□（ちゅう）ざい。

かんじ
9－⑦

1年の　ふくしゅう　⑦

■ つぎの　ぶんを　よみましょう。
□には、一(いっ)かく　へらした　かんじを　いれて　います。あてはまる　かんじを
あたまの　なかで　うかべて、かきじゅんどおり　えんぴつで　かきましょう。

① □(ちょう)立(りつ)の　としょかん。

② □(てん)を　見(み)上(あ)げる。

③ □(でん)えんふうけい。

④ □(つち)を　ほる。

⑤ □(に)じかん目(め)。

⑥ 一(いち)□(にち)の　スケジュール。

⑦ たてものに　□(はい)る。

⑧ □(とし)こしそば。

⑨ □(はく)せんを　ひく。

⑩ □(やっ)つの　ほし。

1年の　ふくしゅう ⑧

■ つぎの　ぶん（いっ）を　よみましょう。
□には、一かく　へらした　かんじを　いれて　います。あてはまる　かんじを　あたまの　なかで　うかべて、かきじゅんどおり　えんぴつで　かきましょう。

① □百（ひゃく）まで　かぞえる。

② さく　□文（ぶん）を　かく。

③ ログハウスの　□木（き）。

④ 木（き）の　ね　□本（もと）。

⑤ 人（ひと）の　□名（な）まえを　きく。

⑥ □目（め）力（ぢから）の　つよい　人（ひと）。

⑦ □立（た）ちばなしを　する。

⑧ ふう　□力（りょく）は　つでん。

⑨ 竹（たけ）の　□林（はやし）を　見（み）つける。

⑩ □六（むっ）つの　やくそく。

まとめ 1－①

1年で ならう かんじ ①

□ つぎの かんじを よみましょう。
□には、あてはまる かんじを あたまの なかで うかべて えんぴつで なぞりましょう。

① 一　イチ年生　ひと-つ
② 右　ウせつ　みぎ
③ 雨　ウ天　あめ
④ 円　一エン　まる-い
⑤ 王　オウさま
⑥ 音　オンがく　おと
⑦ 下　ちカ　さ-がる
⑧ 火　カよう　ひ
⑨ 花　カだん　はな
⑩ 貝　かい
⑪ 学　つうガク　まな-ぶ
⑫ 気　天キ
⑬ 九　ク月　ここの-つ
⑭ 休　キュウ日　やす-み
⑮ 玉　ほうギョク　たま
⑯ 金　キンよう　かね
⑰ 空　クウ気　あ-ける
⑱ 月　十ガツ　つき
⑲ 犬　名ケン　いぬ
⑳ 見　ケン学　み-える

まとめ 1-②

1年で ならう かんじ ②

■つぎの かんじを よみましょう。
□には、あてはまる かんじを あたまの なかで うかべて えんぴつで なぞりましょう。

- ① 五　ゴ円　いつ-つ
- ② 口　人コウ　くち
- ③ 校　休コウ
- ④ 左　サ右　ひだり
- ⑤ 三　サン人　みっ-つ
- ⑥ 山　ふじサン　やま
- ⑦ 子　女シ　こ
- ⑧ 四　シ月　よっ-つ
- ⑨ 糸　金シ　いと
- ⑩ 字　文ジ
- ⑪ 耳　(ジ)　みみ
- ⑫ 七　シチ月　なな-つ
- ⑬ 車　シャりん　くるま
- ⑭ 手　あくシュ　て
- ⑮ 十　ジュウ字　とお
- ⑯ 出　シュッぱつ　で-る
- ⑰ 女　王ジョ　おんな
- ⑱ 小　ショウ学　ちい-さい
- ⑲ 上　ジョウ下　あ-げる
- ⑳ 森　シン林　もり

まとめ 1-③

1年で ならう かんじ ③

□ つぎの かんじを よみましょう。
□には、あてはまる かんじを あたまの なかで うかべて えんぴつで なぞりましょう。

① 人　ジン生　ひと
② 水　スイ車　みず
③ 正　ショウ月　ただ-しい
④ 生　一ショウ　う-まれる
⑤ 青　セイ年　あお
⑥ 夕　（セキ）　ゆう
⑦ 石　セキゆ　いし
⑧ 赤　セキ十字　あか
⑨ 千　セン円　ち
⑩ 川　（セン）　かわ上
⑪ 先　セン生　さき
⑫ 早　ソウちょう　はや-い
⑬ 草　ソウげん　くさ
⑭ 足　えんソク　あし
⑮ 村　山ソン　むら
⑯ 大　ダイ小　おお-きい
⑰ 男　ダン子　おとこ
⑱ 竹　チク林　たけ
⑲ 中　チュウ学生　なか
⑳ 虫　こんチュウ　むし

まとめ 1－④

1年で ならう かんじ ④

■ つぎの かんじを よみましょう。
□には、あてはまる かんじを あたまの なかで うかべて えんぴつで なぞりましょう。

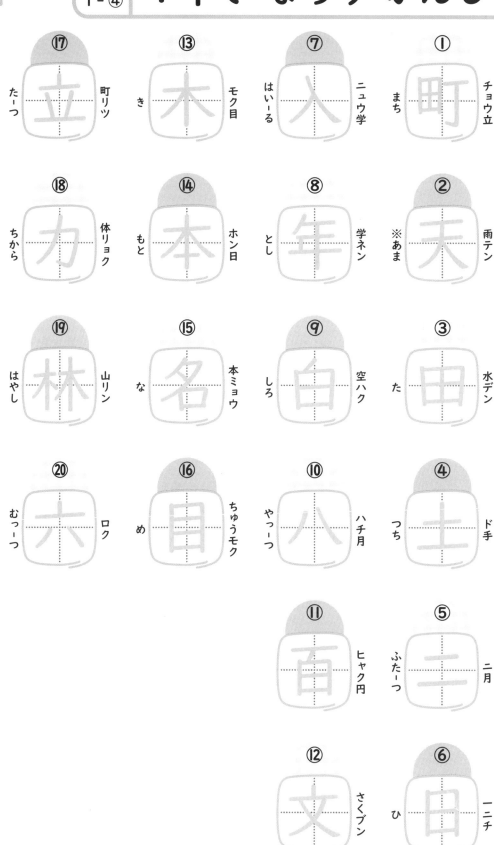

① 町 まち　チョウ立
② 天 ※あま　雨テン
③ 田 た　水デン
④ 土 つち　ド手
⑤ 二 ふた－つ　二月
⑥ 日 ひ　一二チ
⑦ 入 はい－る　ニュウ学
⑧ 年 とし　学ネン
⑨ 白 しろ　空ハク
⑩ 八 やっ－つ　ハチ月
⑪ 百 ヒャク円
⑫ 文 さくブン
⑬ 木 き　モク目
⑭ 本 もと　ホン日
⑮ 名 な　本ミョウ
⑯ 目 め　ちゅうモク
⑰ 立 た－つ　町リツ
⑱ 力 ちから　体リョク
⑲ 林 はやし　山リン
⑳ 六 むっ－つ　ロク

まとめ 2-①

1年で ならう かんじ ⑤

■ つぎの かんじを よみましょう。
□には、あてはまる かんじを あたまの なかで うかべて えんぴつで かきましょう。

① イチ年生　ひと-つ
② ウせつ　みぎ
③ ウ天　あめ
④ 一エン　まる-い
⑤ オウさま
⑥ オンがく　おと
⑦ ちカ　さ-がる
⑧ カよう　ひ
⑨ カだん　はな
⑩ かい
⑪ つうガク　まな-ぶ
⑫ 天キ
⑬ ク月　ここの-つ
⑭ キュウ日　やす-み
⑮ ほうギョク　たま
⑯ キンよう　かね
⑰ クウ気　あ-ける
⑱ 十ガツ　つき
⑲ 名ケン　いぬ
⑳ ケン学　み-える

まとめ 2-②

1年で ならう かんじ ⑥

つぎの かんじを よみましょう。
□には、あてはまる かんじを あたまの なかで うかべて えんぴつで かきましょう。

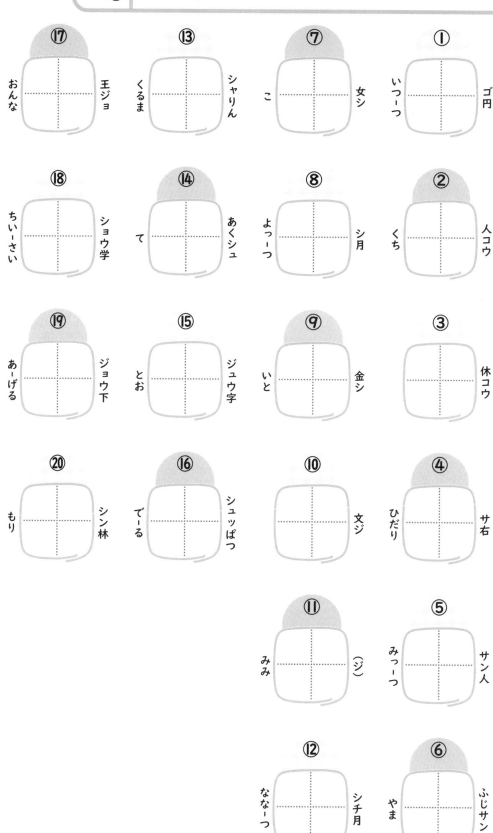

① ゴ円 いつ-つ
② 人コウ くち
③ 休コウ
④ サ右 ひだり
⑤ サン人 みっ-つ
⑥ ふじサン やま
⑦ 女シ こ
⑧ シ月 よっ-つ
⑨ 金シ いと
⑩ 文ジ
⑪ (ジ) みみ
⑫ シチ月 なな-つ
⑬ シャりん くるま
⑭ あくシュ て
⑮ ジュウ字 とお
⑯ シュッぱつ で-る
⑰ 王ジョ おんな
⑱ ショウ学 ちい-さい
⑲ ジョウ下 あ-げる
⑳ シン林 もり

まとめ 2-③

1年で ならう かんじ ⑦

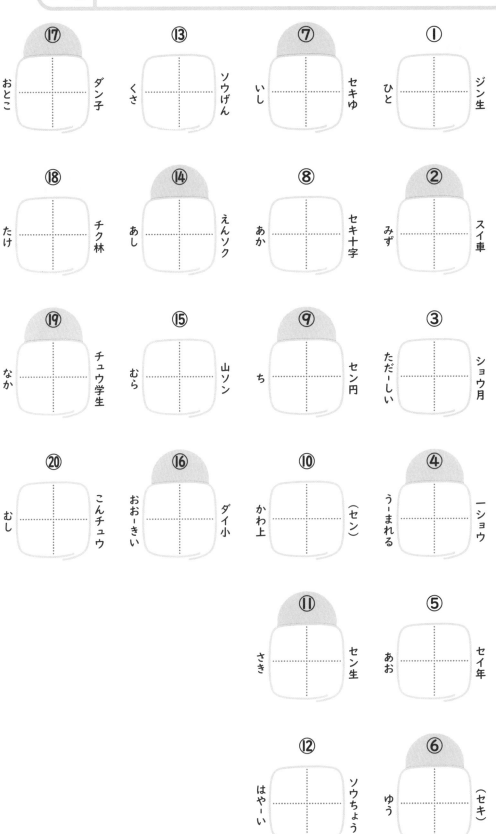

つぎの かんじを よみましょう。
□には、あてはまる かんじを あたまの なかで うかべて えんぴつで かきましょう。

① ジン生 □ ひと
② スイ車 □ みず
③ ショウ月 □ ただ-しい
④ 一ショウ □ う-まれる
⑤ セイ年 □ あお
⑥ (セキ) □ ゆう
⑦ セキゆ □ いし
⑧ セキ十字 □ あか
⑨ セン円 □ ち
⑩ (セン) □ かわ上
⑪ セン生 □ さき
⑫ ソウちょう □ はや-い
⑬ ソウげん □ くさ
⑭ えんソク □ あし
⑮ 山ソン □ むら
⑯ ダイ小 □ おお-きい
⑰ ダン子 □ おとこ
⑱ チク林 □ たけ
⑲ チュウ学生 □ なか
⑳ こんチュウ □ むし

まとめ 2-④

1年で ならう かんじ ⑧

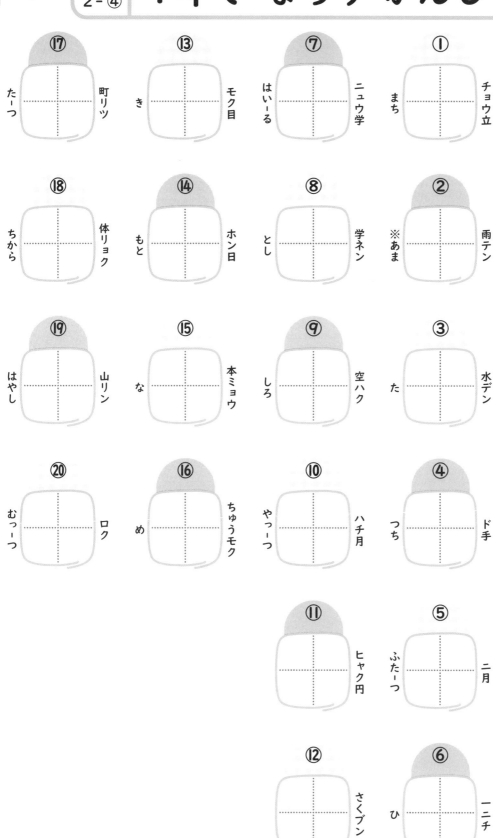

つぎの かんじを よみましょう。
□には、あてはまる かんじを あたまの なかで うかべて えんぴつで かきましょう。

① チョウ立 □ まち
② 雨テン □ ※あま
③ 水デン □ た
④ ド手 □ つち
⑤ 二月 □ ふた-つ
⑥ 一ニチ □ ひ
⑦ ニュウ学 □ はい-る
⑧ 学ネン □ とし
⑨ 空ハク □ しろ
⑩ ハチ月 □ やっ-つ
⑪ ヒャク円 □
⑫ さくブン □
⑬ モク目 □ き
⑭ ホン日 □ もと
⑮ 本ミョウ □ な
⑯ ちゅうモク □ め
⑰ 町リツ □ た-つ
⑱ 体リョク □ ちから
⑲ 山リン □ はやし
⑳ ロク □ むっ-つ

こたえ

〔P.31〕

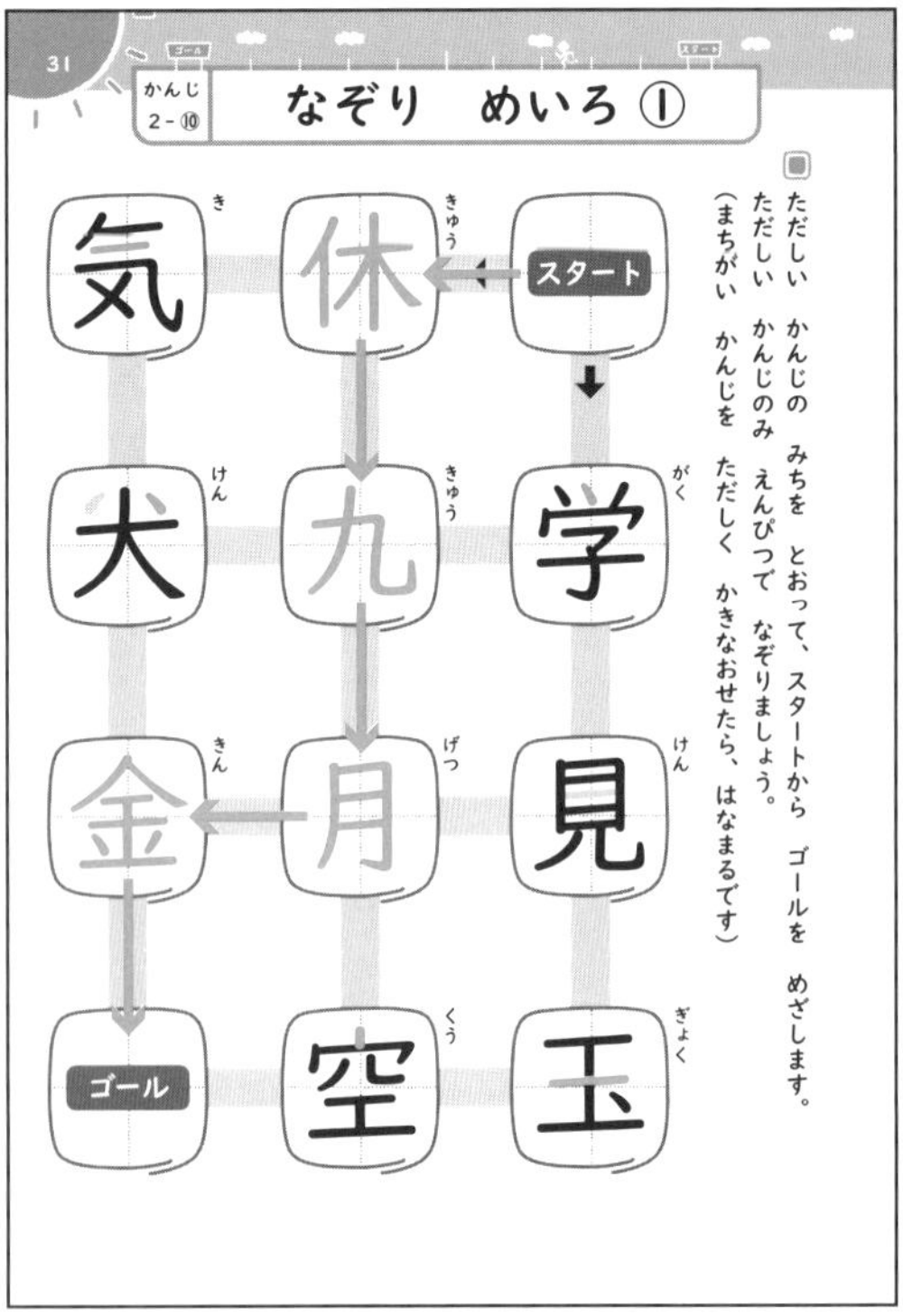
31
かんじ 2-⑩
なぞり　めいろ ①
ただしい　かんじの　みちを　とおって、スタートから　ゴールを　めざします。ただしい　かんじのみ　えんぴつで　なぞりましょう。
（まちがい　かんじを　ただしく　かきなおせたら、はなまるです）
気　休　スタート
犬　九　学
金　月　見
ゴール　空　玉

※見は上のぶぶんが二本せんであれば正かいです。

〔P.11〕

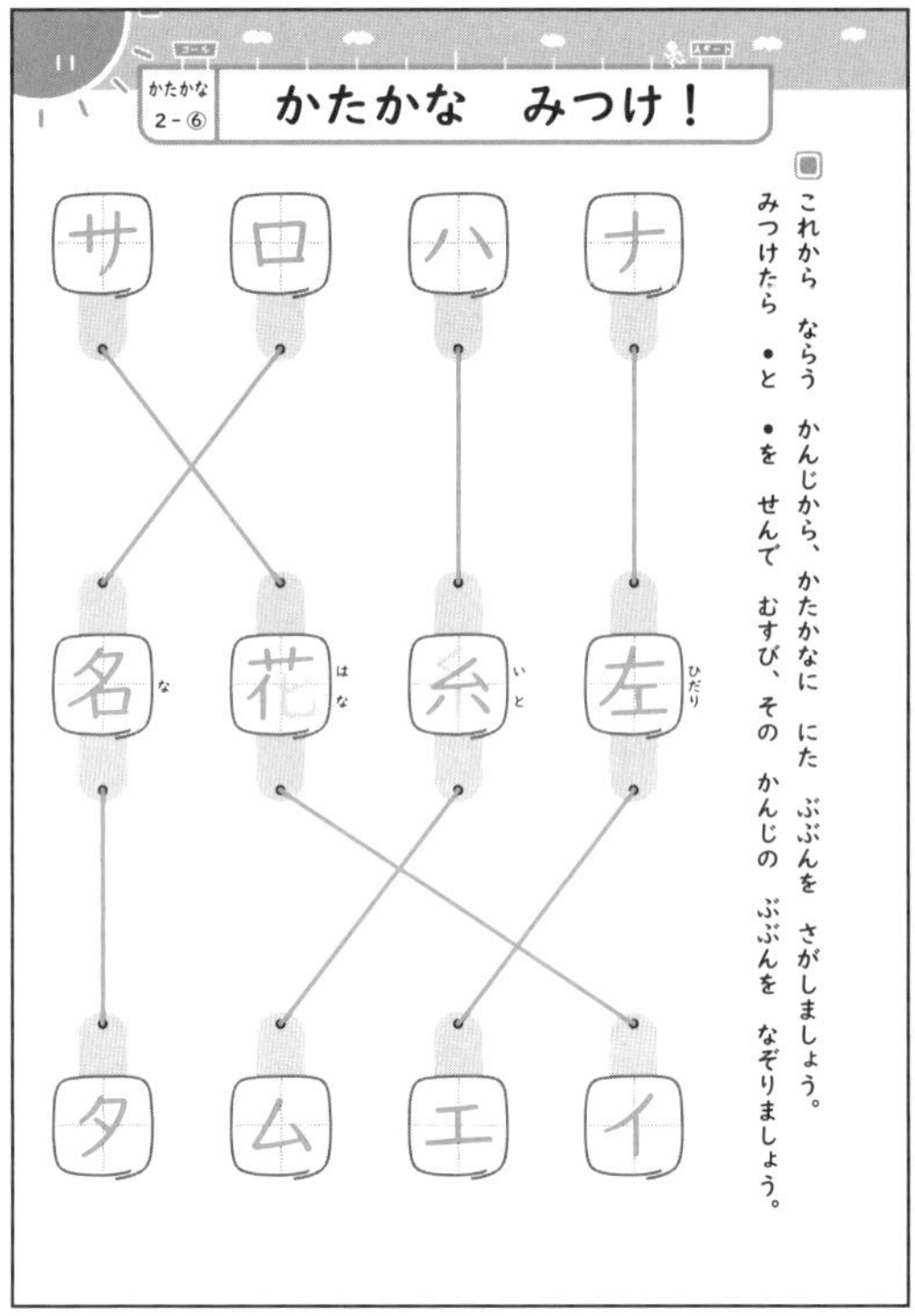
11
かたかな 2-⑥
かたかな　みつけ！
これから　ならう　かんじから、かたかなに　にた　ぶぶんを　さがしましょう。
みつけたら　•と　•を　せんで　むすび、その　かんじの　ぶぶんを　なぞりましょう。
サ　ロ　ハ　ナ
名　花　糸　左
タ　ム　エ　イ

〔P.21〕

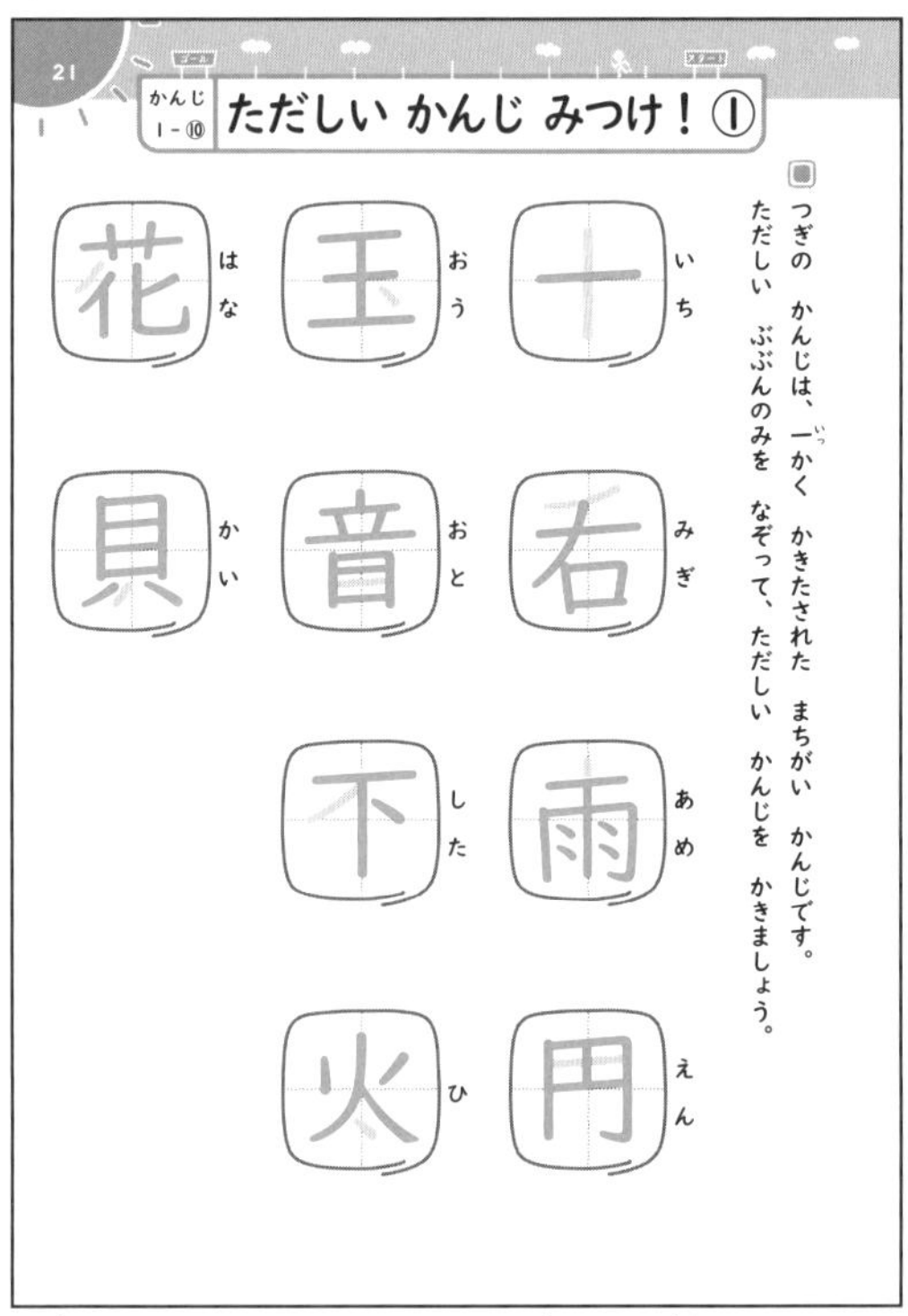
21
かんじ 1-⑩
ただしい かんじ みつけ！①
つぎの　かんじは、一かく　かきたされた　まちがい　かんじです。
ただしい　ぶぶんのみを　なぞって、ただしい　かんじを　かきましょう。
花　王　一
貝　音　右
下　雨
火　円

※音の下のぶぶんが日になっていれば正かいです。

〔P.61〕

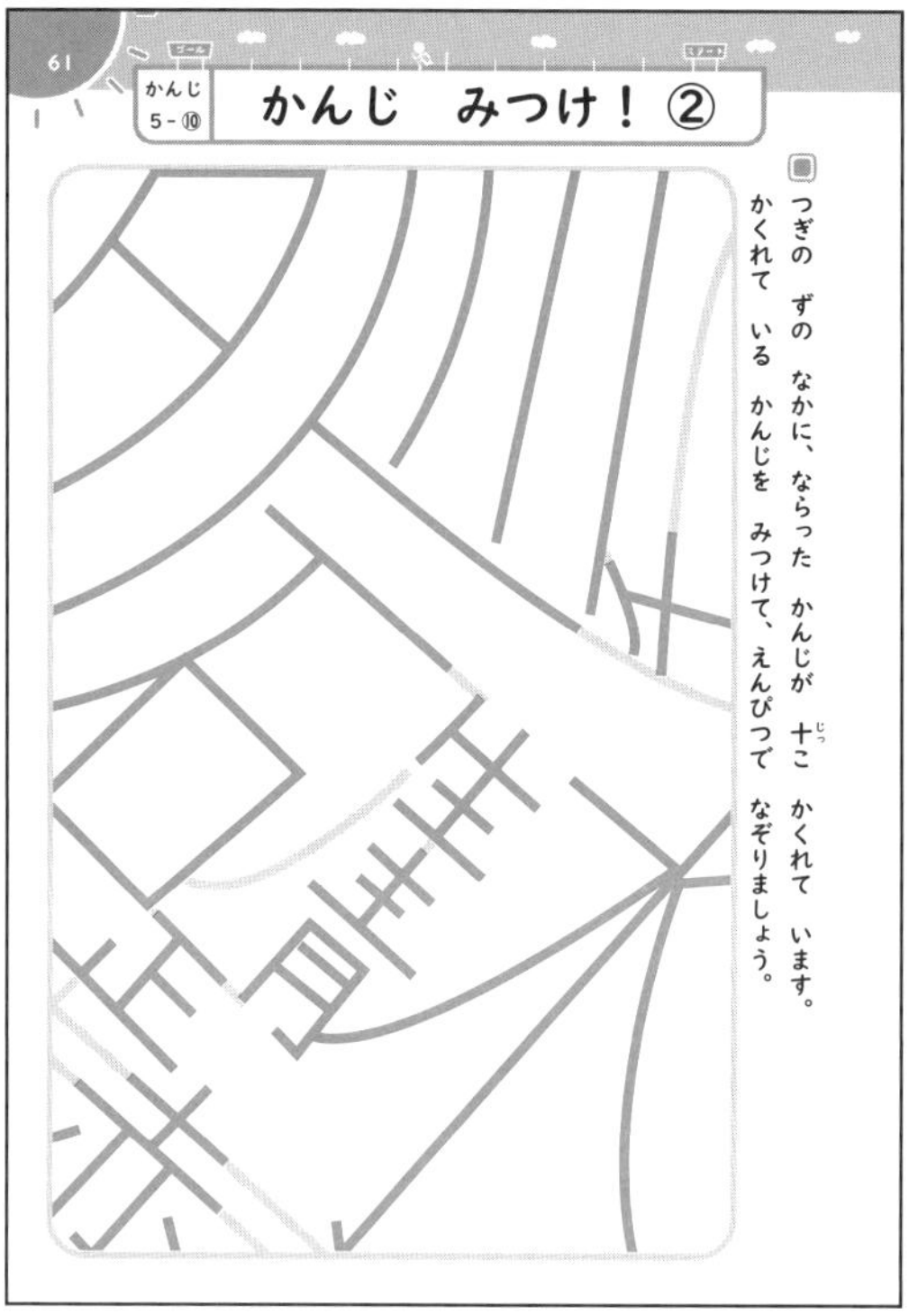

61
かんじ 5-⑩
かんじ　みつけ！②
つぎの　ずの　なかに、ならった　かんじが　十こ　かくれて　います。
かくれて　いる　かんじを　みつけて、えんぴつで　なぞりましょう。

〔P.41〕

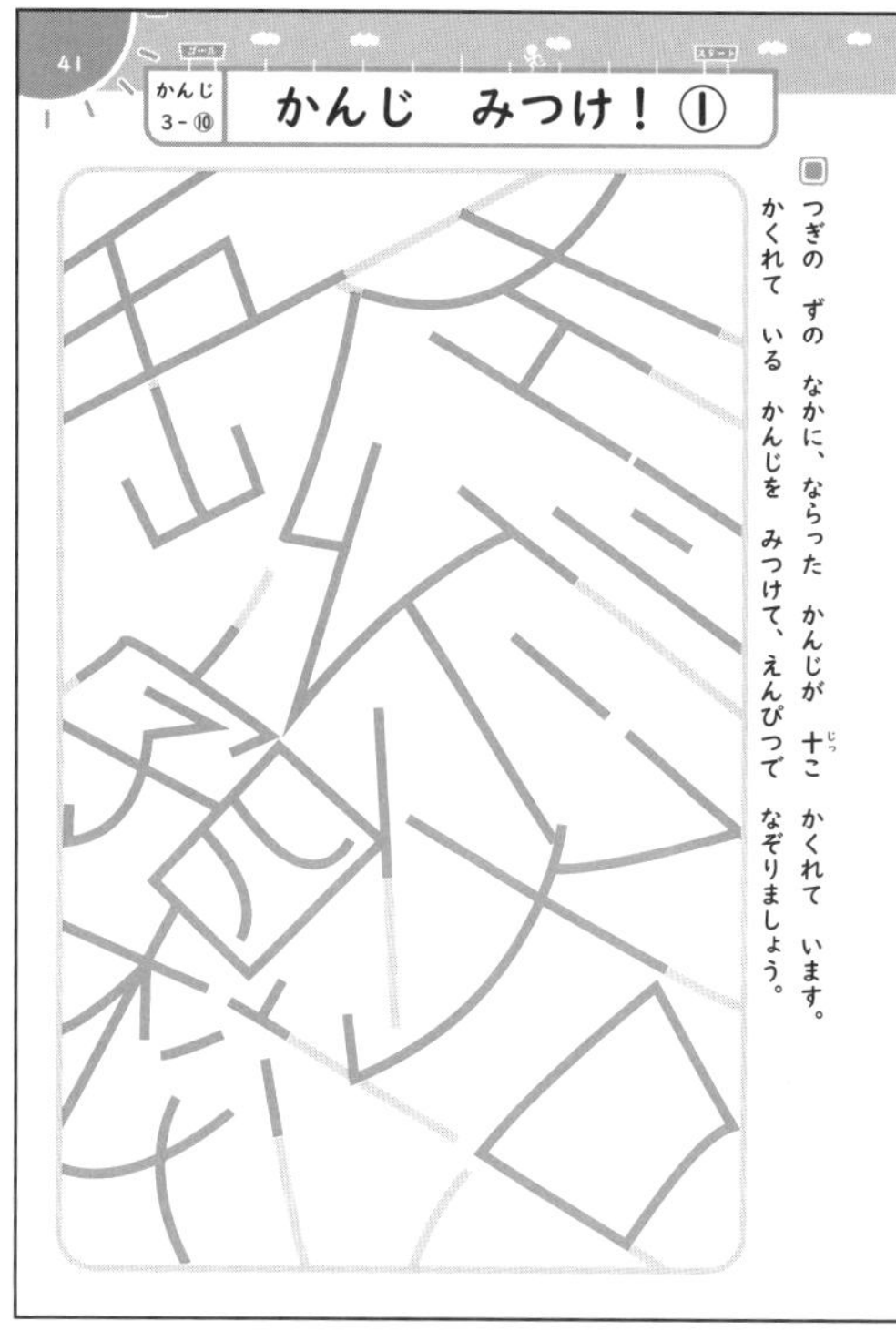

41
かんじ 3-⑩
かんじ　みつけ！①
つぎの　ずの　なかに、ならった　かんじが　十こ　かくれて　います。
かくれて　いる　かんじを　みつけて、えんぴつで　なぞりましょう。

〔P.51〕

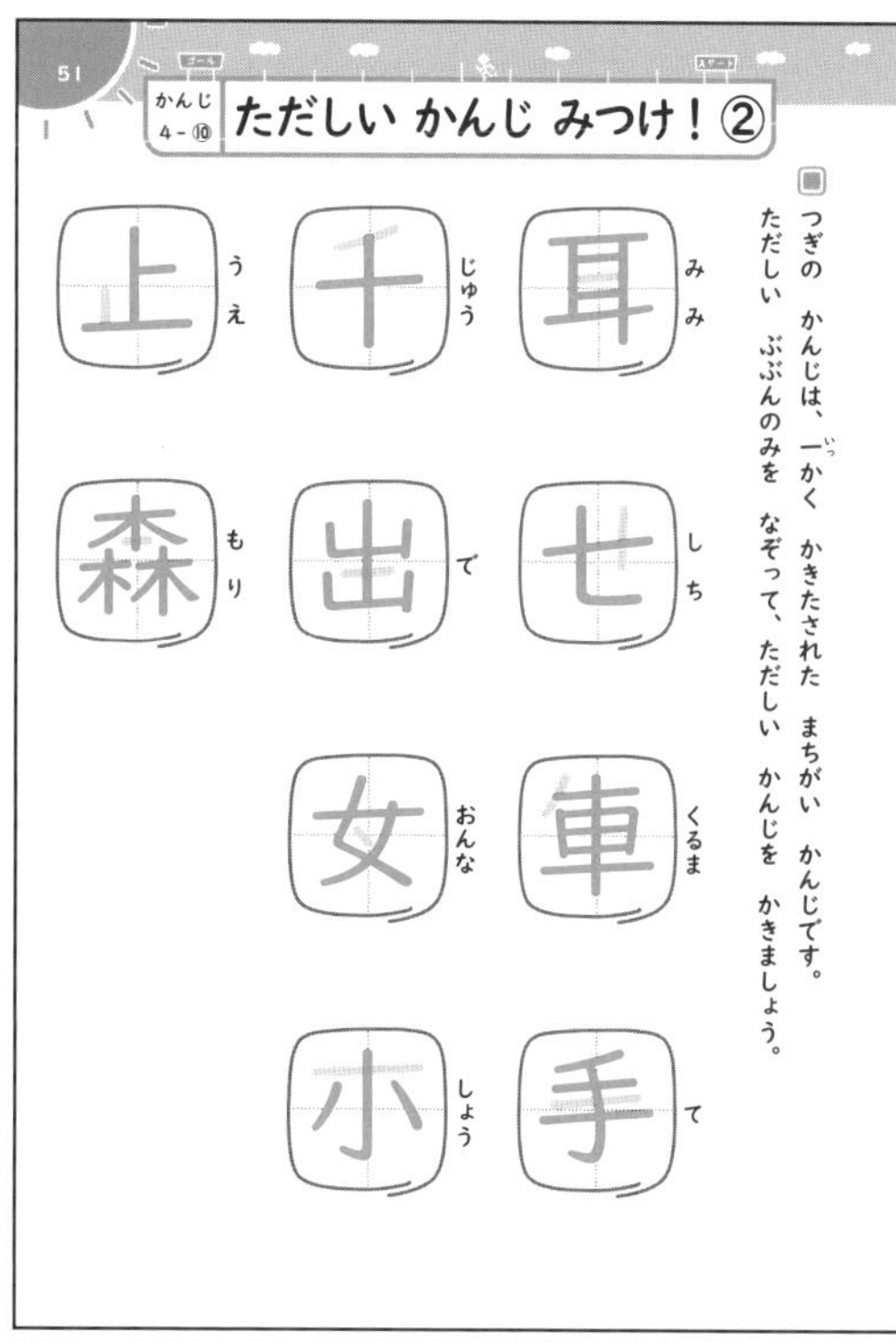

※耳、手はまん中のよこせんが二本せんであれば正かいです。

〔P.91〕

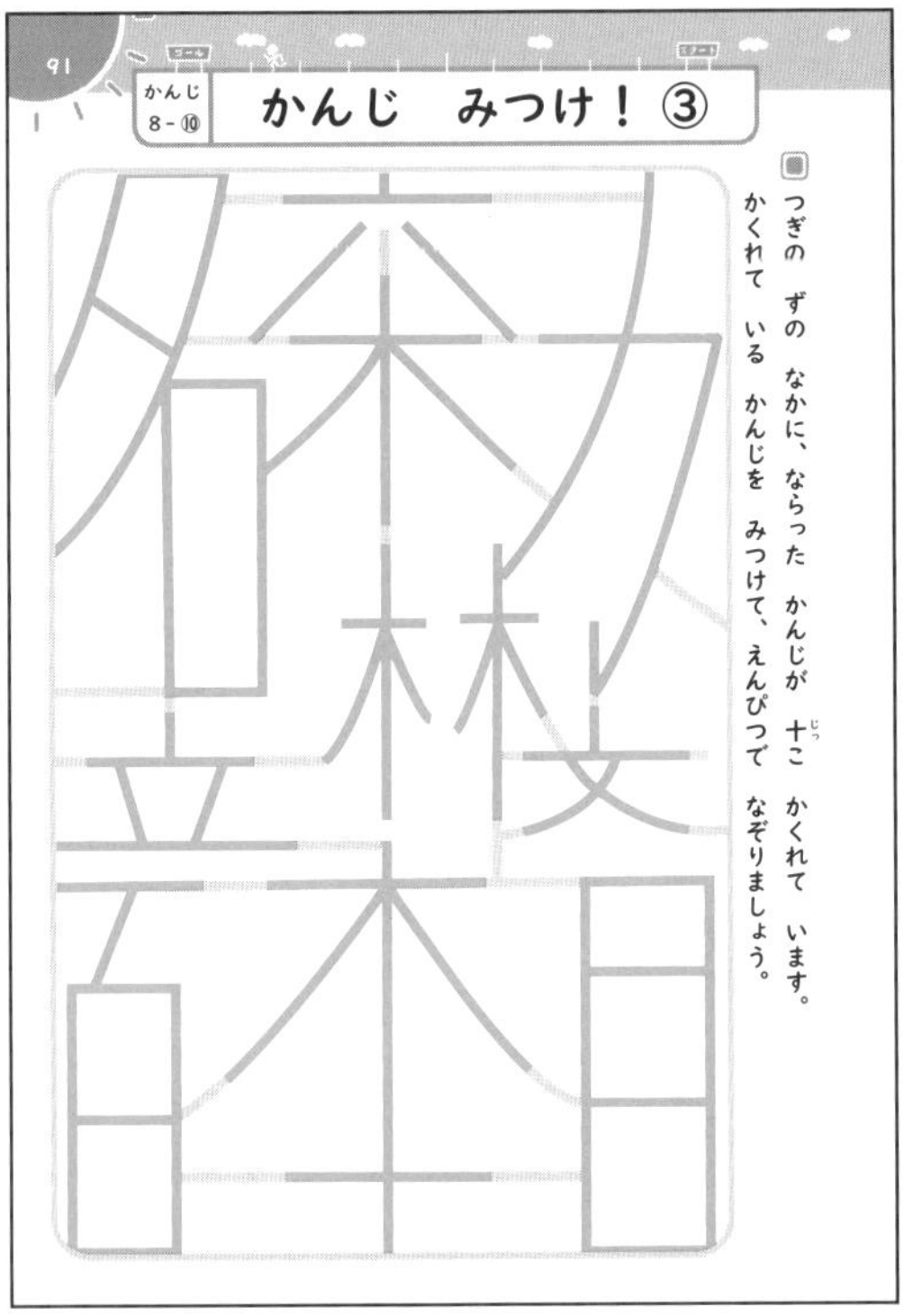

〔P.71〕

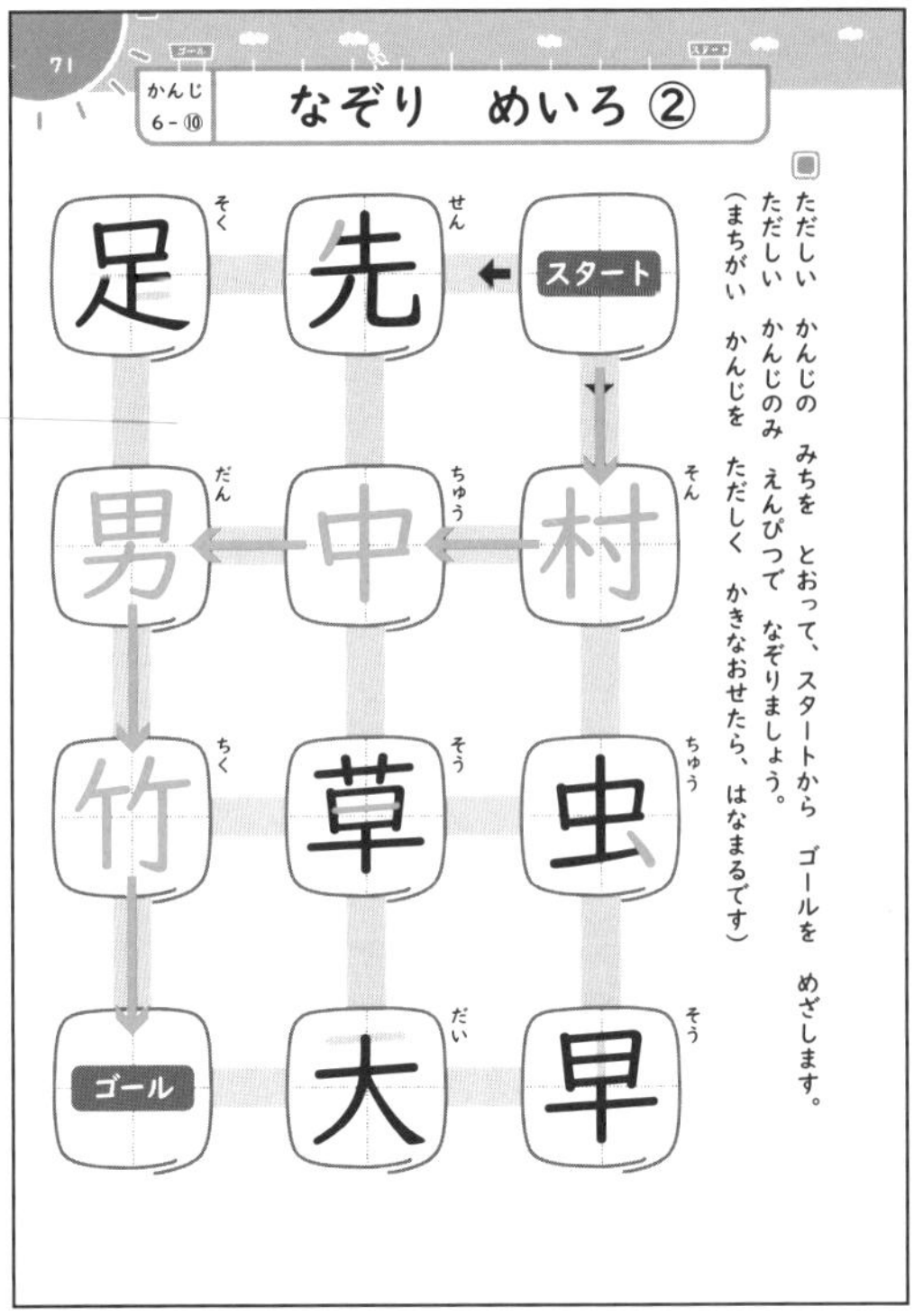

※足はよこせんが一本せんであれば正かいです。

〔P.81〕

※日と天はまん中のよこせんが一本せんであれば正かいです。

1年の ふくしゅう①

〔P.92〕

① 一
② 右
③ 雨
④ 円
⑤ 王
⑥ 音
⑦ 下
⑧ 火
⑨ 花
⑩ 貝

1年の ふくしゅう②

〔P.93〕

① 学
② 気
③ 九
④ 休
⑤ 玉
⑥ 金
⑦ 空
⑧ 月
⑨ 犬
⑩ 見

1年の ふくしゅう③

〔P.94〕

① 五
② 口
③ 校
④ 左
⑤ 三
⑥ 山
⑦ 子
⑧ 四
⑨ 糸
⑩ 字

1年の ふくしゅう④

〔P.95〕

① 耳
② 七
③ 車
④ 手
⑤ 十
⑥ 出
⑦ 女
⑧ 小
⑨ 上
⑩ 森

1年の ふくしゅう⑤

〔P.96〕

① 人
② 水
③ 正
④ 生
⑤ 青
⑥ 夕
⑦ 石
⑧ 赤
⑨ 千
⑩ 川

1年の ふくしゅう⑥

〔P.97〕

① 先
② 早
③ 草
④ 足
⑤ 村
⑥ 大
⑦ 男
⑧ 竹
⑨ 中
⑩ 虫

1年の ふくしゅう⑦

〔P.98〕

① 町
② 天
③ 田
④ 土
⑤ 二
⑥ 日
⑦ 入
⑧ 年
⑨ 白
⑩ 八

1年の ふくしゅう⑧

〔P.99〕

① 百
② 文
③ 木
④ 本
⑤ 名
⑥ 目
⑦ 立
⑧ 力
⑨ 林
⑩ 六

いつのまにか、正しく書ける

なぞるだけ漢字 小学1年

2022年1月20日　第1刷発行

著　者　川岸雅詩

発行者　面屋尚志

発行所　フォーラム・A

〒530-0056　大阪市北区兎我野町15-13

TEL　06(6365)5606

FAX　06(6365)5607

振替　00970-3-127184

表　紙　畑佐　実

本　文　くまのくうた@

印　刷　尼崎印刷株式会社

製　本　株式会社高廣製本

制作編集　金井敬之・田邉光喜

乱丁・落丁本は、送料小社負担にてお取り替え致します。